名师名校名校长

凝聚名师共识

回应名师关怀

打造名师品牌

培育名师群体

名师名校名校长书系

甘做幼儿教育的守望者，享受幸福的教育人生

李丽英 ◎ 著

东北师范大学出版社

长 春

图书在版编目（CIP）数据

甘做幼儿教育的守望者，享受幸福的教育人生 / 李丽英著. — 长春：东北师范大学出版社，2019.2

ISBN 978-7-5681-5535-9

Ⅰ.①甘… Ⅱ.①李… Ⅲ.①幼儿教育－研究 Ⅳ.①G61

中国版本图书馆CIP数据核字（2019）第040589号

□策划创意：刘　鹏

□责任编辑：王文珠　索玉葵　　□封面设计：姜　龙

□责任校对：刘彦妮　张小娅　　□责任印制：张允豪

东北师范大学出版社出版发行

长春净月经济开发区金宝街 118 号（邮政编码：130117）

电话：0431-84568033

网址：http：//www.nenup.com

北京言之凿文化发展有限公司设计部制版

廊坊市金朗印刷有限公司印装

廊坊市广阳区廊万路 18 号（邮编：065000）

2022年6月第1版　2022年6月第1次印刷

幅面尺寸：170mm×240mm　印张：12.5　字数：239千

定价：45.00元

甘做幼儿教育的守望者，享受幸福的教育人生

幸福是源自心中的一种感受。虽然一线的幼儿教育工作繁杂琐碎，并没有什么惊人之举，但更多的是对教育事业的一种态度、一种心态、一种智慧、一种锲而不舍的热爱！我选择当一名幼儿教师，并非要成就功名，而是喜欢在这片纯净的天空下和孩子们一起游戏、一起学习、一起快乐、一起成长，享受幸福的教育人生。

一、有一种幸福叫守望初心

1992年，在初中升高中时，因为家人的反对，我与幼儿师范学校失之交臂。三年后，在高考填报志愿时，我毅然地在第一志愿栏里写下了"华南师范大学学前教育本科"。大学毕业走上工作岗位时，突出的英语成绩足以让我当一名外企的白领，但我始终坚持当一名普通的幼儿教师。于是，1999年7月，我来到了东莞市实验幼儿园。一晃19年过去了，我经历了初为人师、初为人长、初为人妻、初为人母、初为园长五个人生转折点。虽然我的身份发生了变化，但是我的追求却始终没变，因为我喜欢孩子，能与她们在一起就是我的幸福。所以，在一线，我要做一名好老师；在园长岗位上，我要做一名好园长，使幼儿园更好地发展，让每一个孩子快乐、健康地成长。虽然有时我也会因园里烦琐的杂务而感到疲惫不堪，但是每当听到孩子们甜美的叫声与笑声，看着他们快乐地游戏，一缕眷恋的柔情、一股燃烧的热情便会在我的心中萦绕着、激荡着！

二、有一种幸福叫静心耕耘

路虽远，行则将至；事虽难，做则必成。2007年12月17日，是我人生的又一转折点，我毫无准备地接任了实验幼儿园园长一职。上任之初，迎接我的是各种不懂与困难。2007年，实验幼儿园从创业期到达了鼎盛期，这时它就像开口朝下的抛物线，如果不能找到新的生长点，实验幼儿园将走向衰落期。对于我这个新手园长来说，可谓是任重道远、困难重重。而此时，我明确地看到了实验幼儿园所面临的发展瓶颈的关键问题，就是教师的职业倦怠与专业发展。如果我们的教师不能走出职业倦怠期，找到自己专业成长的生命力，实验幼儿园也将随之走向衰落。于是，我苦苦地思考、不断地学习，积极探索研训合一的多元化园本培训模式，引领团队走出倦怠、不断成长，寻找新的生长点。这不仅使每个教师个体得到充分发展，更使实验幼儿园涌现出了一大批省、市级名师、学科带头人、教学能手，办学水平和社会声誉也得到进一步的提高。

任园长的十年间，我与实验人一起，用自己的智慧和心血见证了实验幼儿园的发展。在自己的岗位上静心学习、默默耕耘。期间，我先后被评为广东省首批和第二批园长工作室主持人、东莞市首批园长工作室主持人、东莞市第二批教育家培养对象。面对这些荣誉与责任，我除了淡淡一笑外，更多是陷入沉思。多年的教育实践使我认识到并坚信，幼儿教育工作有其自身的特殊性，需要实实在在、踏踏实实，更需要心清气爽、保持冷静。回首自己走过的路，有艰难跋涉的痛苦，有执着前行的孤独，有成长的快乐，有收获信任的喜悦，这一切让我体会到了时间的珍贵，也让我明白了拥有的珍贵，更让我坚定了作为一线幼儿教育人宁静致远、执着前行的信念。

三、有一种幸福叫读书研究

不吃饭则饥，不读书则愚，不研究怎育人？在《读书是教师最好的修行》的后记中常生龙先生这样写道："在阅读的过程中，我逐渐体会到读书的美妙。每当我在遇到难题的时候，总有一本书在那里等着我，给我启迪，让我豁然开朗。"对此我深有同感。踏上园长的工作岗位已有十年，从最初的战战兢兢、懵懵懂懂逐渐变得沉稳、成熟，回顾过往，自认为有成功也有失败，有精彩也有遗憾。在一次次面对苦难、不理解时，我曾经苦闷、彷徨、悲伤、绝望，甚至想过放弃，此时读书总能给予我希望和勇气，将慰藉缓缓注入我干枯的心田，让我始终坚守心中之善，坚定前进的方向。在我感到"江郎已才尽，黔驴也技穷"的时候，读书让我找到了灵感，找到了新的起点。同时，我也喜欢教育研究，并坚持把教育科研作为幼儿园可持续发展的增长点，用科研引领教育教学工作，成就教师、发展幼儿，提升幼儿园的内涵。近年来，在"教研训"一体的整体视野下，我尝试建立以符合幼儿身心发展要求的园本课程为研究中心，以省市级课题"幼儿园民间体育游戏课程开发的实践研究"和"融合性园本课程的探索与实践"为龙头，带领实验幼儿园的教师进行了支持幼儿学习与发展的三级（省级、市级与园级）课题研究。"适合孩子的才是最好的"，这是实验幼儿园近十年来孜孜不倦的教育追求。在尊重中走近，在走近中读懂，在读懂中为孩子营造一种适宜的教育方式。"健康快乐的生活"的教育思想和"一个不能少"的教育理念，让实验幼儿园获得了社会、家长的认可和支持，也培养出了一批健康、快乐、活泼、自主的小毕业生。

四、有一种幸福叫成果分享

常言道："予人以玫瑰，手中留余香。"我认为，学会分享是一种胸怀，而懂得分享是一种品质，更是一种幸福。从教十九年，我在游戏教学、幼儿德育、课程建设、教学管理、队伍建设与档案管理等方面开展了探索与研究，积累了丰富的经验。我不断反思、总结和提炼，把总结出来的经验与同行分享共勉。近五年来，我手把手地对市内多所幼儿园实施教学帮扶、培训帮扶、管理帮扶，使姐妹园的教学质量不断提高，成为优质幼儿园，还在各级各类的培训班和研讨会上围绕园本课程、课题研究、档案建设、园本管理、幼儿游戏等专题做了近60场专题讲座。2013年至今，更是作为导师指导来自西藏林芝、云南昭通、新疆以及省内各幼儿园的园长和教师50余人进行为期一周或五周的跟岗实践，收获了园长和教师们的认可与感激。近三年，我还借助省、市园长工作室的平台，积极主动地承担了省、市及地区各类培训和示范带教工作，充分展示了园长工作室的引领、示范、辐射作用，带动了周边地区乃至省内外同行的专业发展。

德国著名哲学家雅斯贝尔斯说："真正的教育是用一棵树摇动另一棵树，用一朵云推动另一朵云，用一个灵魂唤醒另一个灵魂。"教育是一种守望，我甘愿做幼儿教育真诚的守望者，永葆教育追求的执着，享受教育的幸福人生！

李丽英

2018年10月18日

目 录
CONTENTS

第三辑

实践与思考并行

第一辑
读书与思考并行

1

书让我发现更大的世界，成为更好的自己。
不仅要让阅读成为一种习惯，
更要让思考成为生命中的常态！

守住教育的初心，做一位幸福的幼儿教师

——读《爬上豆蔓看自己》有感

一、只因偶然，相遇相知

初次获知《爬上豆蔓看自己》是在一年多前，某天中午不经意地翻阅办公桌上"堆积如山"的专业杂志时，偶然看到了一篇关于此书的推介文章。于是，我习惯性地在"当当书城"上把它买了回来，却也习惯性地把它"置诸高阁"。偶然的相遇，我们只是擦肩而过，直到今年的暑假，我在自家书架上"搜猎"时再次看到了它，又想起了当时此书的推介文章。于是，我拿起它，决定好好地读一读。读着读着，我竟然感到与它有种"相见恨晚"的感觉。

不知不觉间，我在幼儿教育岗位上已经工作了整整十六年，担任园长一职也整整八年半。当日子在不经意间流逝，当人与事在不经意间变化，面对工作中的种种无奈，我在不知不觉间开始有种倦意，失去最初的耐心与冲劲，变得有些许迷茫，浮躁不安，失眠甚至难眠。然而，这本书却像我的一位故友，让我在浮躁不安的现实中慢慢寻得一份难得的宁静与平淡。

二、细细品读，再遇初心

于是，我每天晚上都会早早地躺在床上，捧着书，一篇一篇地细细品读。书中，作者的文笔一般，内容更是一般，只是记录了一名普通幼儿教师每天在普通岗位上所做的一件件平凡的事、孩子们的言行以及审视自己的所做所思。然而，这样的一般却总让我感动，感动于作者的这份坚持，感动于作者的用心与处处留心，更感动于作者对幼儿教师这一职业的热爱和坚守的初心。

《华严经》里说："不忘初心，方得始终。"纳兰性德也说："人生若只如初见。"读着此书，作为幼儿教育工作者的我，脑海里不由出现一个问题：

作为教育工作者的我们，初心在哪里？

黎巴嫩诗人纪伯伦告诫世人："我们已经走得太远，以至于忘记了为什么而出发。"

常言道："四十不惑。"然而，快踏入四十的我近来却有越来越多地疑惑与不解。读着《爬上豆蔓看自己》的我慢慢地静下心来，回头看看，在幼儿教师这个职业中我们深深地体会到人们常说的"痛苦并快乐着"。"痛苦"的是每天都有做不完的琐碎事、操不完的心，还要担心自己的付出有没有得到肯定，更害怕的是得不到家长们的认可和社会的理解；"快乐"的是孩子们的纯真笑脸，一句句稚气的话语、一个个渴望崇拜的眼神……他们的天真成为我们不断前行的动力！幼儿教育工作并不是只有爱就足矣的，更需要我们对幼儿教育事业的那份执着，也只有那份执着才能让我们坚持最初的选择——成为一位幼儿教师。

本学期的读书活动中，我把此书推荐给园里的其他教师阅读，希望大家也能像我一样，在品读时思考一下自己选择幼儿教师这份职业的初心，回忆与回味一下这份职业带给我们的种种幸福。希望能与大家一起再遇初心，寻找作为一位普通幼儿教师的幸福。于大家如此，于我亦然！

三、守住初心，守望幸福

2007年底我走上管理岗位，虽然时间不长，但是在现实面前，我不断地遭遇着无奈和困惑，常常显得我很另类：相对于外面热闹非凡的世界，我却更喜欢平静，并很努力地把实验幼儿园办成一所"宁静、朴素"的幼儿园。然而，要坚守自己的这份教育理想与初心，我常常会感到困惑与迷茫，也感到举步维艰。我深知，凭借自己的微薄之力，能够真正改变的东西实在不多。如果要说改变，我唯一能改变的只有自己。路遥说："只有初恋般的热情和宗教般的意志，人才能成就某种事业。"因此，我给自己重新定位，努力做一个在夹缝中生存但仍为理想不懈奋斗的教育人。希望这份"若只如初"的执着能够让我在幼儿教育的道路上越走越坚定，在"始"和"终"之间不断追寻、不断提升……

同样，我更加希望实验幼儿园中的每一位教师能与我一起携手，共同怀揣着对幼儿教育最初的美好，保持着积极探究、勤奋好学的精神，一起与书为伴，让书成为我们生命的常态，继续一步一个脚印，用我们专心、专业、专注的实验精神，把每一天的每一件小事做好，把每一次的经历积累，把每一次的感悟沉淀。我深信，以我们对幼儿教育事业的热爱，不忘我们的初衷，研究幼儿教育、读懂幼儿教育，享受和孩子们一起成长的幸福！

不忘初心，方得始终！

守住初心，守望幸福！

读书·寻乐·驻颜·增志·自强

——读《读书是教师最好的修行》有感

《读书是教师最好的修行》一书中最吸引我的是作者常生龙先生在自序中讲述的自己与读书的故事："读书让我带着团队一次一次地在抛物线的顶端找到新的生长点，让虹口区的教育持续发展。"他的自序让我产生了莫大的共鸣。

苏霍姆林斯基曾在他《给教师的一百条建议》中疾呼："读书，读书，再读书——教师的教育素养取决于此。要把读书当作第一精神需要，当作饥饿者的食物。要有读书的兴趣，要喜欢博览群书，要能在书本面前静坐下来，深入地思考。"我一直深信，勤奋地读书学习是教师专业成长的必由之路。因此，近几年我坚持用各种方式，如领着读、"强迫"读、激发读等，让实验幼儿园的教师们自觉或不自觉地都要读书。真心希望实验幼儿园的教师们能够明白我的"用心良苦"，衷心期盼实验幼儿园的教师有了书的相伴，专业成长之旅乃至生命成长之旅会更加美丽、更加温馨。这次推荐《读书是教师最好的修行》一书，就是希望大家能像常生龙先生和我一样，在书里找到乐子、找到点子、找到"金子"。

结合常生龙先生的《读书是教师最好的修行》，以及自身的读书经历，我想与大家分享一下读书与自身成长的一些体会。

一、在读书中寻乐

常言道："茶亦醉人何须酒，书能香我不须花。"我是一个比较安静的人，喜欢做安静的事情，不知从何时起，读书便成了我的爱好。夕阳斜照的傍晚，随手拿一本书坐在窗边，一边品茶一边静静地阅读，忘记所有的凡尘俗世。那一刻，只有书、只有我，那是心灵的净化、灵魂的碰撞。在宁静和恬静中心灵得到升华，真正品尝到阅读的快乐。读书之乐，乐在重回历史，以史为鉴，学会珍惜；读书之乐，乐在随意翻阅，陶冶性情，寻觅享受；读书之乐，乐在调整身心，保持健康，时时以积极的心态面对生活的点点滴滴。

二、在读书中驻颜

随着年龄的增长和阅历的增加，尤其是在当上实验幼儿园园长之后，我愈发感到读书的功效不仅在于改变一个人的物质化命运，更在于提升思想境界，而后者给人的获得感、成就感更多。正如作家三毛所说："读书多了，容颜自然改变，许多时候，自己可能以为许多看过的书籍都成过眼烟云，不复记忆，其实它们仍潜在气质里、谈吐上，当然也显露在生活和文字中。"

读一本好书，就如同交上一位知心的朋友。读书不仅是寻求教育思想的营养、教育智慧的源头，而且是情感与意志的撞击与交流。读书让我们更加勤于思考、善于思考，让我们远离浮躁潜心于教育，从而使教育显得更加美丽。读书的过程也是感受美的历程。读政治书以养大气，读专业书以养才气，读文学书以陶冶情操。就像培根说过的那样："读书足以怡情，足以傅彩，足以长才。"在书里游走时，感受思想之深，享受文字之美，用心灵感受，领悟做人的真谛，追求美好的生活，实现自身的价值。长久地读书可以使人心平气和、处事不惊，养成谦逊淡泊的习惯。美貌不会长久相伴，而气韵却永远和生命同在。书不是胭脂，却可以使人容光焕发；书不是首饰，却可以使人自信从容；书不是华服，却可以使人风流儒雅。

三、在读书中增志

这本书的封面上有一句特别有诗意的文字："坚持不懈地阅读，就是与最美景致的一次次邂逅。"歌德也说："读一本好书，就是和许多高尚的人对话。"2007年接任实验幼儿园园长之初，迎接我的是各种不懂，我要学的有好多好多：业务上的、财务上的、后勤上的、管理上的、人力资源上的……而这些不懂的地方除了请教前辈外，更多只能从书上学。于是，我不断地学习与阅读，用书上的方法，结合自己的想法去实践、去管理。回顾自己的人生，一路走来看似在不经意间取得了成功，如今看来却有着某种必然。书读得越多，明辨是非的能力越强，理想信念也就会更加坚定。书似灯塔，一直照亮我的前行之路，特别是在我不知所措、漫无目的的时候，总是给我指明方向；在我想退缩、失去信心的时候，也总是给我勇气。

四、在读书中自强

有这样一则禅宗故事：

小和尚问禅师："念经能够成佛吗？"

禅师回答道："不能。"

"那么我怎样才能成佛呢？"

"念经呀。"

小和尚十分困惑："大师，你不是说念经不能成佛吗？为什么又要我念经呢？"

禅师说道："如果你一生都只知道念经，那你永远也无法成佛。然而念经是成佛的必由之路。你只有不断反复地念经，不断反复地钻研经学，不断反复地悟经求道，明了佛经的真谛，发现佛经的奥秘与美妙，才能得道成佛。"

近些年来，我时常反思自己的成长历程，可以概括为"读、思、行、写、研"，这几个方面是相辅相成、互相渗透的。对我个人来说，读书用来增长知识、调节生活，自己的思考才不会停止；读书用来自我成长、陶冶情操，这样就不会成为一个毫无趣味的人；读书用来指导工作、影响他人；读书用来厚积薄发、成一家言。我的专业成长之路，一直与读书、写作、研究相伴。

《读书是教师最好的修行》一书深深地启发和激励着我，坚定了我与书终生为伴的信念，期盼这本书能唤醒实验幼儿园的教师走进阅读、走出平庸、走向卓越。

期待……

遵循本真方能继续前行

——读《爱和自由》有感

为什么选择《爱和自由》这本书推荐给教师看呢？我的初衷是希望教师能够通过阅读此书真实地看到幼儿的心理，从而更加了解我们的孩子，让我们的教育行为更加贴近孩子的成长规律。《爱和自由》是一本能让我们靠近幼儿的书，它能让我们看到关于幼儿内心世界的种种，从书中的每个事例中都能让我们真真切切地感受到那些孩子们的生命状态，也能看到在爱和自由这个环境中成长的幼儿的专注和认真。

手捧此书，感受着回归教育本真所体现的爱与自由，给了我很大的启发，也更加坚定了我们的信念与方向。

一、坚守一个方向：以生为本，坚守本真

面对"不忘初心，继续前行"的大形势，作为教育工作者，我们的初心是什么非常值得沉思。教育的初心就是求真，求真的教育就是着眼于幼儿天真自然的本性，以质朴、真诚的教育态度追求没有功利的、平等的教育，崇尚回归自然和传统的本真教育，传递生命正能量。

爱和自由必须是建立在尊重的基础之上，尊重幼儿的天性、尊重幼儿的成长规律。无论是中国传统的"童蒙养正"，还是现代西方强调的自立自强、"做中学"，教育之事都必须有适当地约束与引导。如果缺少适宜的土壤、温度、水分，再好的种子也不会成长为参天大树；如果没有母狮的训练，再优秀的幼狮永远都学不会捕猎。教育与快乐从来不是截然对立、非此即彼的关系，只要教育内容及方式是顺应幼儿天性的，遵循其生长节奏与规律的，就不会妨碍幼儿感受快乐、享有童真。

尊重幼儿的个性发展才是教育的本真，也是我们教育者在大教育中应该做

出来的教育行为。态度决定一切，静下心、放下架子、踏踏实实地做教育才是教师成功的关键。希望实验幼儿园的教师们能继续保持"本真"心态，坚守安身立命之本，"本真"工作、"本真"生活。

"行到水穷处，坐看云起时。""行至水穷，若已到尽头，而又看云起，见妙境之无穷。"教育思想和观念的高度决定了教育行动的高度。教育的本质是什么？教师是什么？学生是什么？我们应该教给学生的是哪些可以终身享用的东西？对教育本质的思考，对教育细节的重新审视，对教育现象的追问和反思，会使我们豁然开朗、智慧顿生，许多困惑也会迎刃而解。

回首自己走过的路，行走在教育生涯的旅程中，我寻寻觅觅、且行且思，在现实与理想的博弈中追求着朴素的灵魂幸福，追寻着本真的幸福教育！

二、坚守一个信念：适合幼儿的才是最好的

《关于深化教育体制机制改革的意见》提出，要"营造健康的教育生态，大力宣传普及适合的教育才是最好的教育、全面发展、人人皆可成才、终身学习等科学教育理念"。哲学家莱布尼茨曾说："天地间没有两个完全相同的东西。"世界上没有两片完全相同的树叶，也没有两个完全相同的人。教育的使命就在于促进人的健康成长和全面发展，并幸福地生活着。回归教育的本质，尊重教育规律和幼儿身心发展的规律，为每一个幼儿提供适合的教育，才是真正着眼于幼儿的健康成长和长远发展。正如中国教育学会会长顾明远教授所说："最适合的教育才是最好的教育。"

著名教育家吕叔湘说："教育近乎农业生产，绝非工业生产。"另一位著名教育家叶圣陶解释说："学生跟种子一个样，有自己的生命力，老师能做到的只是供给他们适当的条件和照料，让他们自己成长。"由此看来，孩子是千差万别的，只有适合的教育才是最好的教育。孔子说："中人以上，可以语上也；中人以下，不可以语上也。"给每个幼儿提供适合的教育，要因材施教，重视幼儿的差异和区别，以适合不同发展层次的幼儿。教师要教好每一个幼儿，对每一个幼儿都要实行个别化的教育，使幼儿的个性得到平衡发展，在各自不同的基础上"能飞的飞起来，能跑的跑起来"。2016年是我市教育发展"十三五"的开局年，我市提出了"为每个孩子提供最适合的教育"的核心理念，全面实施"打造东莞智慧教育"的战略，这与孔子因材施教的思想是完全

契合的。同时，"为每个幼儿提供最适合的教育"也是对我们提出了更高的要求，可谓任重而道远，需要我们为之不懈努力。

因此，作为幼儿园的管理者，行走在教育的大道上，因为思想的高远，我们的眼光更清明、理念更成熟、方向更坚定；因为脚步的坚实，我们的意志更坚强、心态更从容、道路更宽广。自此，我们定当牢记责任，仰望星空谋实验幼儿园的发展之路，脚踏实地做自己该做的事，为实现幼儿园的内涵发展尽心而谋、尽力而为。

再读《窗边的小豆豆》

炎热的夏日，因左手骨折，我把原来的暑假计划重新调整：待在家里，一边任性地享受着因母亲与家人的照料和亲朋好友的问候与牵挂所带来的温情，一边埋头读书享受着阅读所带来的温馨和感动。

几天的时间里，我再次重读了《窗边的小豆豆》，这次重读给我带来的是恒久的感动和对教育的思索。

第一次阅读，我印象比较深刻的是小豆豆成长过程中那一个个有趣的小故事。而再次重读，我始终被小豆豆成长中的"幸运"所打动。一个孩子在成长的过程中，对她影响最大的一是父母，二是教师。而小豆豆非常幸运，因为她有懂她的、尊重她的父母，她也遇上了懂她的、尊重她的小林校长。如果小豆豆的童年没有遇上她们中的任何一个，她的命运也许会改变。

巴学园可以说是一个理想中的教育殿堂。巴学园的校门是由矮树做成的，而且"树上还长着叶子"；巴学园的教室是不会走的电车；巴学园的围墙是各种各样的树木；巴学园的校长可以在任何场合和任何幼儿说话，幼儿甚至可以坐在他的身上；巴学园教室里的位置是可以挑着坐的；巴学园的大树一人一棵，随便爬……巴学园还有一位深谙幼儿心理的小林校长，他永远坚持着自己的教育理念："无论哪个幼儿，当他出世的时候都具有优良的品质。在他成长的过程中会受到很多影响，有来自周围环境的，也有来自成年人的，这些优良的品质可能会受到损害。所以，我们要早早地发现这些优良的品质，并让这些品质得以发扬光大，把幼儿培养成富有个性的人。"正是这种执着创造了教育的奇迹：对幼儿一视同仁，帮助身体残疾的幼儿树立自信心，让他们获益匪浅，铭记终生；让幼儿回归自然，让和煦的春风和温暖的阳光陪伴他们健康成长……

无论是父母还是教师，了解孩子的内心世界才是教育孩子的出发点。小林校长每次见到小豆豆时总会说："你真是一个好孩子！"一句简简单单的话语却让小豆豆对自己充满信心。

　　作为一位母亲和一位教育工作者，"懂得孩子，信任孩子，尊重孩子"始终是我的教育梦想，需要我不断努力去实现的教育梦想。

坚持虽孤独，但可贵

——读《一个人的朝圣》有感

《一个人的朝圣》这本书去年买了一直搁置在书架上，当我看完《解忧杂货店》后在书架上寻找书时，被书名吸引而决定读一读。读着读着发现书中的故事不禁使我的心中升起淡淡的忧伤，同时也让我久久地陷入沉思中。

书中讲述了一个老头儿哈罗德因一封信而徒步行走到英国另一端去看望癌症晚期旧友的故事。而隐于此表面情节背后的，是哈罗德对自己一生的回忆和反思。他回忆了自己过往的生活：在其幼年时就离家出走的母亲和酗酒的父亲；他与儿子戴维深深的隔阂和戴维的自杀；他与妻子莫琳深深的隔阂，以致后来的分居；在一个信念的支持下花费87天，徒步行走627公里的过程中所发生的故事和经历的种种磨难。

作者用优美的文字、诗意的隐喻带来了振奋、坚持和救赎。全书围绕一段旅程展开，旅程本身是一个隐喻，这是哈罗德探寻自我的过程，它就像我们的一生。到最后作者才告诉我们，这场旅行是哈罗德的自我救赎，他一直为儿子的自杀、妻子的埋怨以及父母的抛弃惴惴不安，心里的悲伤无处安放。

一个人的朝圣，与其说是走在路上，不如说这是一场心和灵魂的行走。生活往往是这样的，我们难免会遇到挫折、遇到信念的动摇、遇到别人的不解或背离，孤独无比。这个时候，不管内心纠结、孤独，但是烦躁过后更应该懂得坚持的可贵。《中国好声音》中汪峰说："成功肯定需要一个坚持的过程，过程肯定需要付出很多，需要承受很多，这些往往都是孤独的。"

坚持是孤独的，它是一条没有尽头但绝不黑暗的泥泞之道；信念是美好的，它是一朵藏在心底深处永不败落的花。有它就有光，就不会茫然迷失。

我还是愿意坚持自己的信念，在漫长而孤独的路上继续走下去，让心头的那朵花开得更盛、更美、更艳丽！

选择了就坚持到底

——读《解忧杂货店》有感

我在偶然间看了韩国电影《白夜行》，知道了日本有个推理小说作家叫东野圭吾，于是在网上买了一本他的书——《解忧杂货店》。趁着暑假，想着该把这书读一读了。然而，读了才发现无法放下，它陪伴着我，从东莞到中山，再到江门，我不舍得停顿，想把构成全书的既独立又丝丝相扣的六个故事看完。这本书与《白夜行》的阴暗悲凉截然不同，没有谋杀、没有陷害，只是通过时光隧道串联起几个不相干的人生片段，从而向我们展现平凡人的真善美。

《解忧杂货店》描写的是一个神奇的杂货店，在晚上将写了烦恼的信丢进铁卷门的投递口，隔天就能在牛奶箱里拿到回信解答。《解忧杂货店》描写的烦恼皆是发生在你我周遭不为人知或你我自身的故事。而解答准确地来说不算是解答，而是指引。书中浪矢爷爷说："很多时候，咨询的人心里已经有了答案，来咨询只是想确认自己的决定是对的。""这就像抛硬币一样，把硬币抛到空中的时候，也是有了选择的时候。他们只是迷途的羔羊，手中都有地图，却没有去看，或是不知道自己的位置。""地图是一张白纸，这当然很伤脑筋，任何人都会不知所措。可是换个角度来看，正因为是一张白纸，才可以随心所欲地描绘地图。一切全在你自己，一切都是自由的，在你面前是无限的可能。"

无论你是谁，无论你身在何方，或许快乐会雷同，而烦恼却模样百般。其实，生活中的一切烦恼都是因为选择。人生会面对无数个岔路口，虽然有时会倍感无奈，充斥着宿命感，但我们依然会遵循自己的内心，选择一条路走下去，这是每个平凡人的生活轨迹。

里尔克说："艰难的生活永无止境，但因此，生长也无止境。"

其实不管如何选择，只要经过努力，坚持走到最后，每一个选择都是正确的，都会有别致的风景。

勇气与心态

——读《世上另一个我》

这些天，趁着手伤闲暇在家的时间，一口气看了好几本从去年一直积攒到现在的书。《世上另一个我》是一本畅销的书，是一本适合女性阅读的小说。我不知道这本书是否写得好，只是当我把书的最后一页合上时，心里还是充盈着一些东西。这本书带给我很多思考和启发的空间。

究竟什么是对的、好的？什么是幸福的、快乐的？该怎样活着？怎样的人生才算幸福？这些也许是人类寻找自己时永恒的话题。

一直以来，我们虽然觉得自己的人生就应该这样发展，或者觉得人生不该如此发展，但基于惯性、基于对未知的困惑、基于对安稳现状将要改变的恐惧，我们还是顺着这条路一直往下走。也许我们明知这不是我们最想要的那条路，但还是要走下去，因为我们自己也不清楚究竟想要怎样的生活。

人生有许多岔路口、许多选择。我们现在的生活就是一个个选择得来的结果，接下来还会有无数的路口，我们永远要面对选择，要抓住机会选择不一样的生活。

或许，这就是人生，无分对错、无分好坏，只是每一个人在经历过后有不一样的感受。所以，面对人生、面对自己、面对选择时，既要有勇气，更要有好的心态。

爱与理解

——读《我亲爱的甜橙树》

昨天一口气读完《我亲爱的甜橙树》，我禁不住泪流满面，许久还沉浸在那些看了就忘不掉的细节里。

这本书是巴西著名作家若泽·毛罗·德瓦斯康塞洛斯的作品，是一个温暖而令人心碎的故事，用简单的笔触勾勒出巴西儿童的生活。作者对自己童年心理真实而细腻的回溯与描写，使我对巴西平民孩子在磨难中成长的心灵世界有了更为直接的了解。在全书的最后，作者给我们揭示了生活的真谛——"没有温柔的生活毫无意义。"同样，没有爱，生命将毫无意义。

"当你停止喜欢一个人，他就会在你心里慢慢死去。""人的心是很大的，放得下我们喜欢的每一样东西。"这是书中主人公泽泽的原话。

读完此书，让我对爱和理解有了更深刻的感受：在我们的生活中，人与人之间不仅需要爱，更需要理解。

《我亲爱的甜橙树》是一部儿童小说，但它不仅适合孩子看，也适合成人阅读。

希望若干年后，我能再次拜读此书，领悟不同年龄的不同感悟。

要给人信心、给人欢喜、
给人希望、给人方便

——读《修好这颗心》

最近，我痴痴地迷上了在当当网上买书，一个月不少于两次，甚至一周不少于两次。帮我收书的龙叔开始不解："怎么买那么多，能看得过来吗？"我总是有点心虚地说："嘻嘻，等以后儿子长大了，我不用像现在这么费心了，就把这些书看完。"迷失的我寻找着各种突破方法，也不知为何，很多书看了几页就放在一边了。然而，《修好这颗心》这本书我坚持着不到一个星期便看完了。这离不开挚友的影响，早上不到六点就睡不着的时候就想起挚友说的话，也试着拿起书来看。

当我翻阅《修好这颗心》的时候，感受到一种前所未有的、说不清的宁静与舒适。这本书可以说是一本修炼心灵的书，也可以说是一本管理的书。两位大师的观点引起我内心莫大的共鸣，不但抚平了我浮躁迷失的心灵，更让我坚持了自己做人做事的原则，指引着我以后家庭和工作努力的方向。

书里有许多经典的话语，我都一一记录了下来，在心灵波动时一次又一次地温习，让我的心一次又一次地归于平静。书中在管理上的一些观点更是与我的做人原则和一直追求的管理理想不谋而合。

观点一：管理就是考验自己有多少慈悲与智慧，其妙诀在于首先需要将自己的一颗心管理好，让自己的心中有时间的观念、空间的层次、数字的统计、做事的原则和大众的利益，能够将自己的心管理得慈悲柔和、人我一如，以真心诚意和谦虚平等来待人，才算修满管理学的"学分"。

观点二：在人之上的时候，把别人当人；在人之下的时候，把自己当人。

观点三：行动的信条是"给人信心、给人欢喜、给人希望、给人方便"，

17

行事原则讲求的是"集体创作、制度领导；非佛不作、唯法所依"。

观点四：人生三态，即悲观、乐观、达观。悲观的人在山脚下看世界，看的是幽冥小径；乐观的人在山腰中看世界，看的是柳暗花明；达观的人在山顶上看世界，看的是天高地广。郑板桥说："难得糊涂。"达观也许正是一种大智若愚的态度，是真正的智慧。

感谢两位大师、感谢我的挚友、感谢儿子、感谢母亲，在我迷失自己的时候重新找到了方向。

正如书中所说："人生就像是一只皮箱，要用的时候提起，不用的时候放下，不必老抓在手上，那是很累人的。该提起的时候就提起，该放下的时候就放下，则人生事事随缘自在。"

努力、加油，向着我的做人原则和管理理想迈进，努力做一个难得糊涂的人！

上帝给你关上了一扇门时，一定会给你打开一扇窗

——读《岛》有感

最近一口气看完了一本小说，书名叫《岛》。这是英国女作家维多利亚·希斯洛普的处女作，但这个令人潸然泪下的故事却风靡了整个欧洲。《岛》叙述的是二战前后，希腊的一个作为麻风病隔离区的小岛——斯皮纳龙格岛上的故事。

斯皮纳龙格岛是希腊的禁地，是全欧洲都谈之色变的地方。斯皮纳龙格岛是麻风病隔离区，全欧洲的人都知晓那里是座监狱，所有生活在那里的人都是被上帝判了死刑的人，而他们只能在孤独与病痛中挣扎着度过短暂的余生。然而，小说所叙述的故事却让我十分惊讶：斯皮纳龙格岛并非如我们所想的那样，它是正常人的地狱，也是麻风病人的天堂。

在那个不祥之地，我们看到只要世间还有责任与爱，生命就不会变得悲伤。在那里，我们看到了很多生命之花绽放，一个个传奇一点点地延续下去。

这个充满忧伤的故事给我的不仅是鼓舞，更多的是坚定的信念。即使在最绝望的时候，我们仍然不要放弃希望，仍然要有不抛弃人生的理由。

"上帝给你关上了一扇门时，一定会给你打开一扇窗。"我们的生活也是如此，因为每一次绝望都预示着新的希望。失去没什么可怕，舍弃也没什么可怕，要相信自己就是那个值得拥有幸福的人。

淡定面对，怀抱希望，笃定前行！

本色与特色

今天我在翻阅堆放在办公桌上的专业杂志时，"发展特色，不失本色"这样一句话引发了我的思考……

多年来，在迎接各种评估或是外园同行参观时，我经常会遇到一个问题：请说说实验幼儿园的办园特色是什么？每当这个时候，我总是觉得非常为难与痛苦。为难的是我无法堂而皇之地跟大家分享我园某一方面的特色，因为我们追求的是孩子的全面发展；痛苦的是我对办园特色的理解似乎与大家的理解有着很不一样的地方。这样的为难与痛苦一直困扰着我……

我对特色的理解是：第一，幼儿园的特色不应该是自己标榜出来或总结出来的，也不应该是先确定再去追求的，而是在行动的过程中，在幼儿园的历史发展长河中逐渐沉淀，而后自然呈现的；第二，幼儿园应该始终坚持以促进幼儿身心全面和谐发展为根本目的，绝不能因为搞特色而使某一方面的内容过于膨胀，以至挤压，损害其他方面，这会导致孩子的不均衡发展；第三，幼儿园特色应该是一种"整体性的特色"，应该体现在幼儿园工作的方方面面，若只追求某一方面或几个要素的与众不同，不惜挖空心思创特色，追求"你无我有"或"你有我好"，以致违背幼儿园的教育宗旨，结果只会导致教师终日疲惫不堪、幼儿无所适从。

我园追求的"特色"是什么？也许我今天依旧无法回答这个问题。

但是，我们更加坚定了共同追求"本色"的决心，始终以促进幼儿身心全面和谐发展为根本目的。

至于"特色"，就让它在我园发展的历史长河中不断沉淀，而后自然呈现吧！

第二辑
学习与思考并行

2

> 培训学习，让我能一路行走、一路学习、
> 一路思索、一路收获、一路成长！

荣誉与责任并肩

2018年4月10日的清晨，我迎着朝阳出发，地铁、和谐号、地铁、小跑，不停地穿梭于人群之中。终于赶在8时30分走在母校华师的紫荆路上，经过大学四年的宿舍、系楼、图书馆、早晨读英语的椅子……但是我并无暇细细回味十九年前的大学时光，一路小跑赶到了会场。

会场内外早已热火朝天，大家不停地拍照留念。今天意义非凡，广东新一轮（2018—2020）"名教师、名校长（名园长）工作室"在华师正式启动！此次共有全省21个地级市的439位教师、校长入选，是历年来规模最大的一次。今天，大家齐聚华师，我是其中的一位，然而我却感觉自己像一个局外人，没有任何的骄傲与喜悦，更多是沉甸甸的责任与压力。

作为连续两轮省工作室的主持人，2015年4月从省教育厅领导手中接过牌匾的情景还历历在目。首轮工作室工作的混沌感依旧存在，首轮工作室的任务却在我的极度不自信中结束。最终在领导的信任与极力支持下，我再一次成了主持人，我深知工作室既是荣誉又是责任，我深感任务之艰巨、工作之艰辛、责任之重大。

教育之路，上下求索，任重道远！

带队伍、研课程

——聆听霍力岩教授专题讲座有感

2018年4月10日下午，我从广东省外语艺术职业学院曾用强校长手中接过工作室的牌匾后，有幸聆听了北京师范大学教育学部学前教育研究所教授、博士生导师霍力岩教授《建构具有中国立场并适宜中国儿童的中国学前教育课程——从西方课程借鉴的开放期迈向中国课程建构的新时代：形势、思考、立场与尝试》的专题讲座。霍教授从我们的时代背景到如今所面临的形势、为什么要建构我们国家自己的学前教育课程，到怎样建构"具有中国立场并适宜中国儿童的中国学前教育课程"进行了全面细致地剖析。

其中让我深受启发并引发思考的是以下三点：

一是形势喜人。霍教授提取出十九大报告中的四个学前教育关键词："幼有所育""办好学前教育""从娃娃抓起""说好中国故事"，说明学前教育事业迎来了国家政策的春风。

二是形势逼人。霍教授在讲座中指出，中国是世界上最早提出早教思想的国家，比古希腊等国家早700多年，为我们留下了丰富而宝贵的思想遗产。遗憾的是，中国绝大多数幼儿园的发展主要是学习和借用西方学前教育发展的结果，幼儿园课程多属于"舶来品"，如高瞻课程、蒙台梭利课程、瑞吉欧教学模式、光谱课程等。学前教育理论也以国外理论为主，国外学前教育课程的标准化和可操作性让国内的幼儿园趋之若鹜、争相效仿。但在使用这些课程模式时我们常常漏读每一种模式背后的社会化教育，误读、误用差异化、环境化、导师制的真正含义。因此，"拿来就用"无异于饮鸩止渴。

三是带队伍、研课程。霍教授强调"办好学前教育离不开好的课程建设，而好的课程体系必然是幼儿发展、教师发展、课程发展的一体化"，并提出幼儿园应以课程为抓手带队伍，以队伍为依托研课程，切实推动课程质量和队伍质量的共同提高。

霍教授的一些观点给予我在工作中不少启示：

一是继续努力做一名清醒的教育工作者，坚守正确的教育信念，不随波逐流，不人云亦云，始终保持一种清醒者的姿态，行走在教育路上。

二是继续坚定走"教研训"一体的道路，让教师立足于一日活动的课程研究，寻找成长的快乐，实现教师成长、课程发展与幼儿成长的一体化。

观学·自省·悟道

——2018年广东省强师工程幼儿园名园长、名师工作室团队研修班学习心得

"道不远人，让我们在圣贤的光芒下学习成长。"六月初夏，我有幸参加了"2018年广东省强师工程幼儿园名园长、名师工作室团队研修班"，跨越南北两地（广州与北京）进行了为期6天的学习。第一次走进百年名园——北师大实验幼儿园，第一次零距离走近名师，第一次与全省幼教界的佼佼者朝夕相处，让我心潮澎湃、感慨万千、受益匪浅。虽不能说短短几天的培训就会立竿见影，但还是有许多顿悟。

一、观 学

几天的培训，我们聆听了多场资深专家的精彩报告，感受着北师大"学为人师，行为世范"的校园文化，全方位品味着北师大实验幼儿园"儿童为本，传承积淀"的百年幼儿园文化，零距离接触教育名家，感叹于他们敏捷的思维、风趣的语言、独特的教育视角、丰富的教育经验……这次培训充满对名园长治园、名师成长、名园发展之路的深刻诠释，充满教育智慧，使我开阔了眼界。

（一）名园长治园之道：自知知人，自将将人

1. 知人者智，自知者明

北师大李永瑞教授的专题讲座《教育理念创新与教师队伍建设》，结合历史，向我们呈现了清华大学"终身校长"梅贻琦的治校之道，内容丰富，寓意深刻，耐人寻味，让人深思。《道德经》有云："知人者智，自知者明。""自知与知人"的能力确实是实现领导力发展的关键。我们都听说过这

样一句话：知人善任。能够了解他人长处并且善于用人的人是智慧的，萧何月下追韩信、伯乐识马都是最典型的例证。一个好的领导者要善于发现人才、合理使用人才，这样的领导者才可以使自己的领域得到最好的维护。然而，人贵有自知之明，知人难，知己就更难了。对于名园长而言，自我意识的管理更为关键，提升领导能力的核心亦在于此。"吾生也有涯，而知也无涯。"作为名园长，只有做到"自知"才能找出自己的不足，从而通过不断的学习战胜自己的弱点，完善自我、充实自我。正如老子所说："胜人者力，自胜者强。"一个能战胜别人的人，只能证明他有威力；而一个能战胜自己的人，才真正是强大的。

2. 名园造就名师，名师成就名园

"所谓大学者，非谓有大楼之谓也，有大师之谓也。"这句话出自清华大学终身校长梅贻琦先生。大学之所以为大学并非因为其有高耸的大厦，也并非有多么豪华的基础设施，而是有良好的校风、敬业的学术大师以及优秀的学术能力。同样，名校（名园）之名也不在大楼，而在大师，正是优秀的教师群体托起了名校（名园）之"名"。一所学校或幼儿园盖得再漂亮，设备再先进，没有高素质的教师就等于没有了灵魂，只能是一个空壳。名园的发展离不开名师的培养，名师的培养离不开名园的发展，两者不能独立开来。"名师"离开了"名园"，没有了更好的专业发展平台，也许在专业成长的道路上就会停滞不前。"名师"和"名园"的存在是互惠互利的，是双赢的结果。"名师"成就了"名园"，"名园"也造就了"名师"。然而，在名校（园）发展的过程中，名师的作用只是其中的一个方面，而不能过于依赖它，否则就会成为无源之水、无本之木。

（二）名师成长之道：安安静静，专心致志

1. 名师之名，不是功名之名

当代教育是一个需要名师的时代，名师辈出是教育的幸事。名师之"名"不仅在有"才"，更在有"德"，用浮夸虚假来造就的"名"不是真正的名师之"名"，名师之"名"在于"德才兼备""学高身正"。刘占兰老师的专题讲座《从骨干到名师》中指出，名师是"学为人师，行为世范；师垂典则，范示群伦"的践行者和典型代表。幼教名师的成长过程是以《幼儿园教师专业标准》为基础，不断追求卓越的过程。名师应有高尚的品德、卓越的思想、优秀的实践，名师所实施的教育是富有内涵和智慧的教育，能让幼儿们既有快乐的童年生活又有良好的发展，为其后继的学习、终身发展做好准备。可见，名师之名不是功名之名，而是明礼之明。名师应当突出其"名"，但更要着眼于"师"。名师的成长最终不是为了"名"，而是为了"促进每一个幼儿的健康成长"，这才是真正的"名师"。

2. 名师的成长在于智慧，更在于脚踏实地、专心致志

2018年6月6日下午，在《基于可持续发展的幼儿园战略管理》的讲座中，北师大实验园园长黄珊被问："从骨干到名师感受最深的一点是什么？"黄园长简洁明了地回答："安安静静、专心致志。"黄珊园长喜欢安安静静做教育、安安静静做研究，对她来说，做幼教研究是为了更好地了解、促进幼儿的健康成长，在研究中促进教师的专业发展。然而，面对浮躁的时代，能做到"安安静静、专心致志"这八个字的又有多少人呢？诚然，无论是普通教师、骨干、名师还是名园长，同样需要安安静静、专心致志。真正的名师是在学校里、课堂里摔打出来的，只有踏踏实实地沉下去，才能潇潇洒洒地浮起来。作为名师，要想在专业上有更大的发展，必须做到像黄珊园长所说的"沉下去"，脚踏实地、专心致志。

（三）名园发展之道：跬步千里，始于足下

1. 百年风雨兼程，成功与时代交织

专题讲座、现场考察、深入班级让我们对北师大实验幼儿园有了全方位、立体式的认识，不得不感慨百年幼儿园深厚的文化底蕴，也不得不折服于百年幼儿园多年的传承与坚守。北师大实验幼儿园始建于1915年，跟随着中国幼儿教育的百年发展历程，经历着一个从模仿、借鉴到不断实践、创新的过程。在不同的历史时期，它始终走在教育改革的前列。在近百年的发展中，幼儿园既紧跟时代最新理念，又注重传承发展，积淀园所文化，走出了"以儿童为本"理念指导下的教育实践之路，具体体现为"尊重儿童、研究儿童、促进儿童主动发展"。

2. 岁经百年，始终践行"以儿童为本"

当手捧北师大实验幼儿园编著的《以儿童为本的教育研究与实践》《师大新年》《学前教育增刊——师大实验幼儿园百年华诞》三本书时，我如获珍宝，按捺不住自己立刻去拜读。教育的本义是人的发展，从北师大实验幼儿园百年的发展历程来看，不管经历了怎样的时代变革，也不管采用什么样的课程模式，他们始终坚定不移地追求着"以幼儿为本"的教育理念，一切工作的出发点和归宿点始终都源于一个主体——幼儿。他们以科学务实的态度，不断学习和借鉴优秀的课程模式和先进的教育理念，但从不跟风，也不盲从，更不急于求成。而是坚定方向，坚守"以幼儿为本"，立足实践，点滴积累，把"以幼儿为本"的教育理念落实到幼儿园工作的方方面面。

二、自省

（一）既来之，则安之

此次培训刚好遇上了我园一园两区发展各项工作进入关键时刻：公开招聘教师、公开招标设施设备、园舍二次装修各项方案的敲定、招生方案上报及讨论等一系列事情，这些事情必须尽快完成才能确保今年9月份新园区的顺利开办。至此，我怀着一心多用的心态参加了此次跨越南北两地的培训。培训头两天，为了及时并尽快处理有关事宜，我选择了早出晚归奔波于广州与东莞之间。第三天，本该早上出发飞向北京的，但为了处理更多的工作和事情，我选择了下午三点的飞机，以便利用上午的时间完成更多的事情。到达北京学习的第一天，我依然感到焦躁不安，不时因各种事务影响学习的成效。慢慢地，我走在北师大的路上，感受着最高师范学府的人文文化，原来焦躁不安的心情竟然逐渐恢复了平静。既然就是来学习的，就应该尽量放空思绪、专心致志、心无旁骛，这样才能学有所成、满载而归。

（二）学如逆水行舟，不进则退

中国有句俗话："读好书，交高人，乃人生两大幸事。""与智者同行，你会不同凡响；与高人为伍，你能登上巅峰。"这次培训，我有幸与名园长、百年名园零距离接触，与我省学前教育领域的佼佼者同行对话，让我的思想在洗礼、心灵在震颤，更看到了自己与他们有着"很长的距离"。这个距离让我不得不正视自己，不得不反省与思考。孔子说得好："学而不思则罔，思而不学则殆。"这句话深刻揭示了学与思的关系。在培训中，我进行了有效的自我反思，有对专家报告的反思，有对自己知识更新速度的反思，也有对自己园务管理的反思，还有对幼儿教育的反思。学最好的别人，做最好的自己。今后，我仍要经常静下心来对自己、对工作进行审视、反省、分析、总结，使我的专业素质在反思中不断提高。

三、悟 道

内心觉醒是发展的内力,自我修炼是成长的良策。只有真心立德、静心求学、用心思索、追求智慧、积极行动、坚持自我修炼,才能不断提升专业素养,成为最好的自己,造就更好的团队。

(一)修炼:心静如水,成为更好的自己

"上善若水,水善利万物而不争。"首先,随着我园的发展和壮大,我每天都需要面对许多纷繁复杂的人和事,保持"心静如水"的良好心态是处理各类人、事最好的办法,只有冷静才能做出正确的判断,只有冷静才能做出正确的抉择。其次,作为一名教育工作者,要耐得住寂寞、潜得下心。我深知"心不静,幸福来不了;人没有了与内心对话的机会,生命就鲜活不起来"。既然选择了教育这一行,就要"耐得住寂寞,守得住清贫"。面对平淡与寂寞,保持内心的宁静,就不会心浮气躁;要坚持自我、保持本色,做自己该做的事,做自己喜欢的事,做真实质朴的自我,不断拓展自由快乐的自我精神世界。再次,作为"名园长",在名誉面前更要保持内心的宁静,不要沾沾自喜、驻足不前,而要以此作为前进的起点,依然尽职尽责、勤勤恳恳、扎实做事、积极进取,寻找新的突破、新的超越。时下最时兴的追问"我是谁",我在内心中早已给出了答案:我能在园长的路上一往无前,能带着我的老师们很安静、很有序地做教育,因为我清楚地知道自己想要什么、自己正在做什么。最后,做一个内心平静而幸福的园长,尤其面对荣誉与成绩保持内心的宁静,才能拥有内在的从容和悠闲,真正领悟"大海有尽能容之量,明月以不常满为心"所蕴含的哲理,坚定地走在自己的教育朝圣路上。

(二)深耕:追求本真,探寻适合的教育

在北师大的学科资源及办学理念的影响下,北师大实验幼儿园走出了"以儿童为本"的教育实践之路,这与我园提出的"适合孩子的才是最好的"的教育理念和教育理想是一致的。因此,做朴素的教育是我们实验幼儿园一直追求的本真教育。当今我们并不缺少有关教育教学的先进理念,唯独缺少的是对教育教学规律的执守,对教育教学规律所蕴含的精神、价值观的认同与守望。北师大实验幼儿园让我看到了"以幼儿发展为本"以及核心理念如何在实践中强化和落实，启示我们要尊重和顺应幼儿的学习方式，坚持以游戏为基本活动，促进幼儿的主动学习。

　　展望未来之路，更需要全体教师一起继续保持"本真"心态，一切从实际出发、从幼儿出发，继承而不守旧、借鉴而不照搬、追赶而不追随，努力探索适合自己发展的道路。将继续以"让每一个幼儿受到最适合的教育"为宗旨，进一步树立和明确核心课程理念，挖掘和整合各种课程资源，发展"融合性"的园本课程，促进幼儿的全面和谐发展，促进幼儿园的可持续发展。

安吉之行的学与思

安吉游戏在中国幼教界很有名气，甚至已走出国门，闻名于世。我也曾不止一次地在各种场合听到过关于安吉游戏的介绍，每听一次便会增加它的神秘感与神圣感，更是好奇与向往。

2018年4月17日，我有幸跟随市学前教育协会走进安吉，观摩了安吉幼儿园的游戏，聆听了安吉教委领导和园长的专题讲座，用眼睛、耳朵以及脑袋揭开了安吉游戏神秘的面纱。安吉之行结束时，我不再好奇和感慨其游戏课程的名气，而是不得不思考造就今天盛名之下安吉游戏"台前幕后"的因素。

第一，令人钦佩的"台前"因素

安吉幼教人初心的坚守和不懈的同心协力。"把游戏还给幼儿，尊重自主学习的规律与价值，珍视幼儿的游戏"，这并非是一个新观念。200年来，它获得众多教育人士的认同与肯定。然而无法回避的现实是，今天的成人往往更期待用所谓的"教"取代幼儿内在自发地"学"。把游戏的权利还给幼儿，这是"安吉游戏"的初衷，也是幼教之本。安吉的幼教人视之为一场革命，她们痛下决心打破旧壳，打破学前教育形式主义和功利主义的旧壳，走出职业倦怠和功利主义驱使下的自欺欺人，找回学前教育的专业定位，找回对幼儿的尊重和理解。在十六年的探索中，不忘初心的坚持，矢志不渝，将课程改革和教师专业成长分步实施，全县幼教人同心协力，在一次次失败中吸取经验，不断成长，成就了今天世界闻名的安吉游戏。

第二，令人羡慕的"幕后"因素

强大的保障体系。一株植物的健康成长需要阳光、水分和空气；一种课程的落实也需要一个支撑环境。今天的安吉游戏离不开背后强大的保障体系。自始至终，安吉县政府凝聚全力、舍得投入、创设机制，在经费保障、师资稳定等方面采取了一系列措施，助推县域所有幼儿园游戏教育的研究与发展。同时，安吉还巧妙地借助了专家资源：与高校签订合作协议，借助附近强大的专家团队力量为自主游戏把脉、诊断，邀请全国著名的游戏专家和国外幼儿教育专家前来现场指导，保证了游戏研究的层层深入。行政的护航和专家的支持为安吉游戏的推进和纵深发展提供了强大的保障体系，让安吉的幼教改革每一步都走得沉稳而笃定。

孔子曰："学而不思则罔，思而不学则殆。"培训的真正价值不在于告诉，而在于激发和唤醒；真正的学习是更新学习的观念，重新建构自己的认知。此次学习未能了解到安吉游戏课程外的一日生活，甚是遗憾。诚然，游戏是幼儿一日生活的基本活动，但自主游戏也仅是游戏活动其中的一种，如何处理好游戏与幼儿一日活动的关系，也是我们所关心的。"水本无华，相荡而成涟漪；石本无火，相击而发灵光。"尽管如此，此次学习还是深深触动我的灵魂深处，让我对游戏与一日生活的关系有了更深层的思考，继而也对安吉游戏有了理性的思考。

思考一：唯自强者方能自信，唯自信者方能成功

园长是职业，更是专业。园长管理幼儿园不仅靠人格魅力，更要靠专业的底气。自去年我市提出课程游戏化后，到处充斥着"游戏化"：教学游戏化、区域游戏化，无游戏化不教育；游戏化、课程化之声不绝于耳，人无我有，人有我优，人优我特，仿佛人人都想成为那个臆想中世人趋之若鹜、争相效仿的唯一。面对种种热闹与浮躁，园长更需有课程的领导力、专业的自信和思辨能力，不能盲从于当前的和别人的观点，不抱残守缺、人云亦云、随波逐流，而是要在更广阔的范围内和更深刻的层面上悉心分析、潜心研究。记得在参观安吉实验幼儿园期间，同行园长不约而同地提出了她们的困惑与焦虑："来了安吉，看得越多越不知如何是好，云里雾里的，怎么办呀？"这让我想起了我们的初心，幼儿教育工作者的初心是什么？我理解的就是以幼儿为本，促进幼儿全面和谐地发展。要实现我们的初心，其实方法有很多，安吉游戏只是其中的一种，它并不适合所有的幼儿园。我们要做的就是坚守初心，不是人云亦云或照搬复制安吉游戏，而是立足本地区和本园，不断优化原有的课程模式，努力促进幼儿的全面和谐发展，这也是在社会浮躁背景下对教育本质一直不变的执着和自信。愿我们都能守着这份自信与执着！

思考二：水流千里归大海，条条大道通罗马

游戏是幼儿的基本活动，但不是唯一的活动；游戏是幼儿最佳（主要）的学习方式，但不是唯一的学习方式。《3～6岁儿童学习与发展指南》中指出：
"幼儿的学习是以直接经验为基础，在游戏和日常生活中进行的。要珍视游戏
和生活的独特价值，创设丰富的教育环境，合理安排一日生活，最大限度地支
持和满足幼儿通过直接感知、实际操作和亲身体验获取经验的需要。"可见，
一日生活皆课程，幼儿在幼儿园一天的每一个环节都蕴含着丰富的教育价值。
游戏是一天生活中的一部分，但不是全部，不能过度或过大地放大游戏的作
用，而忽视或否定其他环节的作用和教育价值。同时，游戏也有多种，有自主
游戏、规则游戏、教学游戏等，每一种游戏都蕴含着不同的价值，我们也不能
简单地把游戏就等同于"玩"或自主游戏（其中一种）。诚然，每个人对游戏
都会有自己的看法，但是我们如何认识游戏；如何科学建构游戏内容，最大限
度体现游戏的价值；如何把游戏融入一日生活；如何优化一日生活的各个环
节，最大限度地发挥不同环节的教育价值，都是每一位幼教工作者必须思考
和解决的问题。

坚守·传承·前行

——2017年东莞市名园长名师工作室主持人研修班学习心得

春暖花开，春意盎然。时隔一年，我再次来到了国际化大都市——上海，参加东莞市首批名园长名师工作室主持人研修班的学习。都市的繁华与对教育的重视、环境的国际化与幼儿园对传统教育的坚守、城市的开放与幼儿园管理的自主等，都给我留下了深刻的印象。第三次来到上海，走进上海的幼儿园，我依旧心潮澎湃、获益良多。

一、真金不怕红炉火——坚守

我第一次到上海是在2008年，那时上海的学前教育让我向往与折服，去年与今年再次来到上海，更加让我向往与折服，向往与折服于他们对教育本质的执着坚守。

在以社会办园为主体的政策背景下，上海市坚持以公立模式为主导，基本实现了学前教育的均等化。在这一过程中，政府对学前教育的重视和强化自身的公共服务职能是前提，建立管理、投资、激励与监督机制是学前教育均等化发展的重要保障。这次研修班参观的幼儿园，有历史悠久的、有建园不久的、有数学课程特色的、有社会教育特色的、有弄堂里的、有小区配套的……这些幼儿园向我们展示了上海政府对学前教育的高度重视。财政的大力支持、决策的高瞻远瞩以及二期课改研究的成果，无不体现上海幼儿园从理论到实践层面以幼儿发展为本的核心理念；对幼儿学习方式的尊重、对游戏的重视、对幼儿教育本质的了解与坚守，无不体现了上海幼儿园课程的规范化。注重游戏、生活、运动、集体教育活动的有计划开展，注重五大领域教育活动和各类游戏的均衡开展，注重教师的自主性。无论是一期还是二期课改，幼儿园和教师的自主性都大大提高，教师有更多的时间和精力研究幼儿、研究教材、研究教法。

因此，我们所观摩的教师的课例，尤其是上海安庆幼儿园大班计算活动《老狼老狼几点钟》，仅仅用一个传统游戏贯穿活动，大道至简，却完美收官，让人敬佩。

二、酒香不怕巷子深——传承

此行深深刻在我脑海中的幼儿园是黄浦区星光幼儿园，藏在繁华的黄浦区老式的弄堂里，正所谓"酒香不怕巷子深"。当我们在与上海国际大都市格格不入的破旧房子群中寻找这所历史悠久的幼儿园时，内心充满着疑惑：一所上海市示范级幼儿园怎么会在这里呀？这里怎么会有幼儿园呢？但是最后，我们在一处极不起眼的门房口找到了它。当走进星光幼儿园时，我们都惊讶于眼前这所小巧精致、带有现代气息、历史悠久的幼儿园。星光幼儿园干净、素雅、低调、不张扬，和谐沉静的整体环境难以掩盖它深厚的文化与现代教育气息。在社会性教育特色游戏活动"星光市集"中，我们更是感叹于教师的智慧与对社会性特色教育的传承与拓展。活动中各种真实的材料，如夹子、管子、箱子等都成了孩子们游戏与学习的用具，孩子们专注地与材料互动，自信大方地与我们交流。从孩子的操作、作品的呈现和互动交流中我们看到了星光幼儿园文化底蕴的厚重，真正让人感受到"以幼儿为本"。在离开的时候，我们感到依依不舍。星光幼儿园低调而有品质，物尽其用，处处体现细节，这些非常值得我们思考与学习。

在贯彻落实《幼儿园教育指导纲要（试行）》（以下简称《纲要》）的过程中，上海市制定了《上海市学前教育纲要》，并相继编制了《上海市学前教育课程指南》和一套适合不同层次的学前教育机构、不同水平的教师使用的参考书，从而在《纲要》和幼儿园教育实践之间搭起了桥梁，帮助教师在教育行为中正确把握教育理念，促进教师将正确的教育观念转化为适宜的教育行为。上海二期课改倡导的是以人为本的理念，突显幼儿及教师的主动性和能动性，教师的角色已从纯粹意义上的教学计划执行者转向教育实践的研究者，从关注教师的"教"转向关注幼儿的"学"。二期课改中，上海幼儿园在课程编制上有一定自主权，提出共同性课程和选择性课程，留给幼儿园足够的创造空间，鼓励各个幼儿园依据本园特色及实际发展水平建设园本课程，办出自己的个性和风格。每个幼儿园都有不同的文化体现，都有自己的文化特色。在我们参观的这几所幼儿园里，南西幼儿园注重幼儿自主游戏的开展，通过主动的游戏、生活、活动以及教师运用游戏手段进行教育；星光幼儿园传承拓展了幼儿社会性教育的园本特色，为幼儿提供丰富多彩的材料开展"星光市集"活动；安庆幼儿园是一家以幼儿数学教育为特色的市示范级幼儿园，与一般的数学教学不同，这里的数学跳出了枯燥的数字，不是由教师讲解加减乘除，而由幼儿通过游戏自己走近数学、亲近数学、喜欢数学。这些幼儿园坚持以游戏为基本活动，彰显了教师的教育实践智慧，真正体现幼儿在生活中学习、在游戏中学习的教育理念，并在实践中不受外界的任何影响，不断传承拓展办园特色，积淀为幼儿园深厚的园所文化。这些无不让我心悦诚服。

三、打铁还需自身硬——前行

此次学习虽然带有遗憾，没能如最初培训计划与华爱华等知名大家面对面交流、没能到应彩云名师工作室取经……但是，此次学习还是深深地触动了我的心弦，让我对幼儿教育事业有了更高的向往和追求。

上海二期课改体现了政府对学前教育事业发展的高度重视，凝聚了政府行政力量、专家学者、一线园长和骨干教师的智慧，体现了团队的力量。上海的幼儿园有着我们无法比拟的优势与条件：政府的重视、财政的投入、专家的支持、教师的专业等，都让我们向往甚至艳羡。然而，上海幼儿园排除外界浮躁的影响，执着地坚守、传承开拓做教育的精神才是更值得我们艳羡与学习的。

上海二期课改确立了以幼儿发展为本的理念，突出幼儿发展的自主性和能动性，注重幼儿早期的潜能开发和个性化教育，为每一个幼儿的健康成长提供条件，为每一个幼儿的多元智能发展创造机会。这与我市提出的"让每一名学生受到最适合的教育"的教育理念是一致的，与我园园本课程核心理念"适合幼儿的才是最好的"也是一致的。二期课改下的上海幼儿园，让我看到了《纲要》倡导的"以幼儿发展为本""以游戏为基本活动"等核心理念如何在实践中强化和落实，启示我们尊重幼儿的成长规律，把游戏作为主要的活动形式，渗透在幼儿的一日生活中，促进幼儿全面发展。因此，我园将继续以"让每一个幼儿受到最适合的教育"为课程的核心理念，挖掘和整合各种课程资源，形成和发展"融合性"园本课程，促进幼儿的全面和谐发展，促进幼儿园的可持续发展。

决定教育品质的不是幼儿园的硬件设施，而是站在讲台上的教师，教师的教育理想、热情、知识结构、人生态度和教学方法都会影响教育的品质。目前，我市幼儿园教师队伍的整体素质有待提高，教师的待遇有待加强，教师管理机制有待完善。能否造就一支高素质、专业化的教师队伍，是我市幼儿教育发展中一项重要而紧迫的任务。作为一名幼儿教育工作者，我想从自身做起，站在时代的前沿，担负起时代赋予的使命，不断充实、提高、完善自己，以饱满的热情投身到教育中去。作为一名幼儿园的管理者，我将引导我园教师做"有理想信念、有道德情操、有扎实学识、有仁爱之心"的好教师，坚持教书与育人并重，德为首位，切实把握好人生方向；坚持治学与立德并重，既严谨治学，又立德修身；坚持巧研与实干并重，既有循序渐进、静待花开的坚守精神，又有踏石留印、抓铁有痕的实干之功。

教育无止境，唯有脚踏实地不断探索与实践、不断适应社会发展的需要才是硬道理。在今后的工作中，我会不断加强学习，欣赏别人、成长自己，不断提高管理水平，立自我之新，引领幼儿园走得更高、更远。

成都印象

——2017年广东省骨干园长培养对象研修班学习心得

成都我是第一次去。五月的成都春暖花开，但空气中到处都是麻辣烫的味道。

成都——四川省的省会，简称"蓉"，别称"锦城""锦官城"，位于四川省中部，是中西部地区重要的中心城市，这里历史悠久，有"天府之国""蜀中江南""蜀中苏杭"的美称。

曾多次听别人提起成都，但一直未能前往。此次终于有机会到成都走一趟，去亲身体验一下巴蜀文化，在发源地亲口品尝一下"正宗川菜"的百菜百味。此次成都之行，所见、所闻、所尝、所思可谓非同凡"享"。

一、成都印象一：一菜一格，百菜百味

俗话说"民以食为天"，大家都说"吃在中国，味在四川"，而在四川流行的却是"食在四川，味在成都"。成都美食以"辣"驰誉，我是一个喜欢吃辣之人，到了成都，心里充满着期待。到达成都的第一顿晚饭就交给了成都火锅，也是我此行最期待的美味。火锅辣汤是越煮越辣，那火锅翻滚出的特有香味真是香飘万里，让人食欲大开！成都的火锅让人享受了辣味的刺激，而嘴唇的微麻和鼻子里嗅到的鲜香味又会让人停不下筷子。成都小吃也是天下有名，可以品尝到很多与辣有关的地道小吃，干辣、麻辣、湿辣等应有尽有。在成都，美食文化是这座务实创新城市精神的具体体现，是休闲文化的重要内容，在享誉世界的中华文明不断传承发展的今天，美食已经成为成都一张闪亮的名片，让越来越多的人感受到这座城市浓厚的文化底蕴和魅力。饮食一道如方言，各处不同。作为八大菜系之一的川菜，在我国烹饪史上占有重要地位，它取材广泛，调味多变，菜式多样，口味清鲜、醇浓并重，以善用麻辣著称，并

以其别具一格的烹调方法和浓郁的地方风味，融合东南西北各方的特点，博采众家之长，善于吸收、善于创新，享誉中外。这种对餐饮文化的崇尚并不仅仅来自民间，政府对这方面的支持、引导与规划也是强有力的。成都市政府打出的口号是要把成都打造成为中国的休闲之都、美食之都，其表态是坚决和响亮的。

二、成都印象二：一园一品，百园百品

课程游戏化改革不是用游戏代替其他课程实施活动，不是将幼儿园的所有活动都变成游戏，而是确保幼儿园基本的游戏活动时间，并将游戏理念、游戏精神渗透到课程实施的各类活动之中，让幼儿园的课程更适合幼儿，更生动、更丰富、更有趣、更有效地促进幼儿获得新的经验。这次培训访问了多所成都知名幼儿园，感受到他们不一样的园所文化、游戏课程。为让孩子们身处真实的情景中，尽情地游戏，达到"玩中学"的目的，成都的幼儿园充分利用活动室、走廊内、角落墙面，设置了内容丰富的一园一品的特色。这些良好的人文环境，给孩子们带来了健康快乐的精彩童年。在丰富多元且具有无声邀请力的游戏环境中，幼儿惬意地游戏、交往、学习，尽显童年生命成长的灵动。教师在观察与解读中，自然与幼儿互动，用游戏绽放童年的生命。

此次成都之行虽然只能算是"走马观花"，但当地政府扶持餐饮业发展、打造巴蜀幼儿园一园一品的"大手笔"给我留下了深刻的印象，使我不得不"心服口服"。

我和PCK的故事

——市名园长、名师、科研骨干、教育家培养对象
培训班学习心得体会

2016年5月16日至31日，我荣幸地来到华东师范大学参加了东莞市名园长、名师、科研骨干、教育家培养对象培训班的学习。在为期十五天的学习里，我和市里的数百名同行一起，以幼儿园语言、社会两个领域的PCK为核心内容，共享了一场学科教学理论知识的盛宴，共同感受了各领域权威的大师风范，接受了一次人生的再教育和心灵的洗礼，这是我人生又一笔不可替代的宝贵财富。就在华东师范大学这个美丽和充满学术味道的校园里，开始了我和PCK相遇和相知的故事。

一、初遇PCK：知其然而不知其所以然（相见不相识）

第一次与"PCK"相遇大概是在半年前，我园受到姐妹园莞城中心幼儿园的邀请参加她们在城区少年宫举行的一次关于数学领域的教研活动。可惜当天我因有会议在身未能参加学习，便让我园数学阶梯小组的全体教师参加了活动，教师们学习回来后感触颇深，并带回来一个新概念——PCK。对于PCK，当时的我一无所知。鉴于此，我特意上网查找了关于幼儿园数学领域PCK的资料，这才有了初步的了解。原来早在几年前，华东师范大学特学院便已启动了PCK的研究计划，目前已经编写并出版了一套探讨儿童早期教育中"领域教学知识"的系列丛书，可惜我在网上只能找到其中一本《学前儿童数学学习与发展核心经验》。无独有偶，当时我园的数学阶梯小组也正在寻找数学领域教学的理论书籍，以实现理论研究与教学实践相结合。我简单地查阅了该书的内容简介，觉得值得数学阶梯小组的教师一读，特别是它的实践指导性比较强，于是给小组里的每一位教师都配上一本。再结合原来的理论书籍，从这学期开

始，教师们便结合日常的数学领域教学深入地开展研究。

二、再遇PCK：知其然并知其所以然（相识并相知）

5月，我有幸来到了仰慕已久的华东师范大学。在充满学术味道的师大校园里，我与PCK再次不期而遇。这次相遇给我带来的不仅有惊喜，还有震撼。惊喜的是，这次培训的核心内容就是语言和社会领域的PCK，让我能与PCK进行零距离的亲密接触。更为惊喜的是，培训团队给我们每人送上了两本书，其中一本就是我在网上无法买到的《学前儿童语言学习与发展核心经验》，而此书作者周兢老师亲自为我们授课，还给我们书上签名，更是让我激动不已，激励着我在学习期间利用休息时间认真地把此书读了一遍，初步领悟了PCK的精髓。震撼的是，为我们授课的教师既是每个领域的大师，也是华东师范大学PCK研究团队的研究人员，他们通过典型的教学案例深入浅出地讲解深奥的专业理论，使我对PCK有了更深刻的理解，更有相见恨晚和亲身一试的迫切愿望。

以前听讲座，我更多关注的是新概念与新理念，想得肤浅、学得片面，知其然而不知其所以然。在接触了PCK之后，我才发现知其然故能提高教学理论水平，但是知其所以然才能提升教师自身的专业素养，间接地使孩子从中受益。

三、相知PCK：知不足，然后能自反也

此次培训虽已经深深地留在了我的脑海中，但如果不静下心来反思总结一下，这些收获会随着时间的推移渐渐消退。因此，上海归来，我再次梳理了一下。

（一）重新思考教育的本质和本源

PCK并不是新概念或新理念，它一直存在于我们每一位教师的身上。本次培训中有二十余个培训讲座，从内容安排上看，以PCK为核心内容，本着"理论—实践—反思"的程序，我在一次次的思维碰撞中感受着学习的快乐，既使思想得到升华，又在专家的娓娓道来中发现了自己的差距和不足。专家们所阐述的教育观点、大量生动的教学实例、言谈中闪烁着的智慧光彩以及精辟、独到的见解令人折服，带给我一次又一次的启迪、反省和思考，也为我未来的工作提供了动力源泉。通过学习，我不止是对PCK有了新的认识，更多的是对许

多问题重新进行思考和审视:①重新认识和思考教育的本质和本源,重新认识教师专业发展的内涵和定位;②重新审视幼儿园课程,重新认识幼儿园课程设置;③重新整合课程和领域概念学习的关系(互相依赖、相互促进)等。

(二)教育需要"仰望星空"的理想,更需要"脚踏实地"的朴实

整个培训的所见所得,使我从多个角度体验与感受了上海学前教育事业的发展。特别是上海二期课改下幼儿园课程的建设与实施,引发了我强烈的兴趣和深入的思考,时时处处经历着感动。

1. 踏踏实实做教育

上海学前教育的领先源于海派文化的影响,海纳百川而又特色鲜明,真实自然绝不虚张声势。这次培训让我深切感受到多元开放、包容前瞻的海派文化,同时也领略了上海学前教育理念的先进、教育工作的踏实和深入。上海学前教育无论从理论层面还是从实践层面,都体现了"脚踏实地"和"以人为本"的精神,主要表现在以幼儿发展为本、以教师为本和以园所发展为本上。身处上海这个国际大都市,其得天独厚的教育资源、教育环境与经费支持都是我们无法比拟的,然而,他们对踏实办教育的执着与坚守却非常值得我们学习。因此,我们要做的就是结合自己的实际,让教育深深根植于教育实际,了解幼儿,尊重规律,因地制宜、踏踏实实地做教育,才能有所进步、有所收效。

2. 宁静朴实的教育环境

看着拍回来的一堆图片,面对上海的幼儿园环境、教师、孩子和教育氛围,我无时无刻不在思考、无时无刻不在对比、无时无刻不在感动,尤其是宁静朴实的教育环境让我感动。我喜欢他们环境中的宁静,在宁静中散发着本园的文化,为孩子营造一种浓浓的温馨与和谐。在观摩中,我还发现那些名园的建筑都有一个共同的特点:不是高大上,也不是金碧辉煌、花花绿绿,而是平淡、大气、稳妥、厚重。从一进园就让人有一种雅致、舒服的感觉,外墙的装饰也大都朴素、流畅、和谐,承载着该园的文化内涵。

3. 扎扎实实搞教研

教育需要智慧的投入,更需要教育行动与信念的坚持。在培训中,我深刻地感受到无论是师大的专家们,还是幼儿园园长或一线教师,他们都立足于日常教学,严谨治学,拥有永不倦怠的工作热情。通过教研训一体化的实践营造浓厚的幼儿园科研氛围，激发并强化教师的科研意识，优化科研工作机制，使科研意识和理念逐渐内化为教师的自觉行为，真正成为教育科研的主体，积极主动地参与教育科研实践，探索教育教学规律，解决教育教学问题，从而逐渐形成以"主动自觉""基于问题""精耕细作"为特征的科研文化。

①"主动自觉"。教育科研已经成为教师们的自觉行动，他们勇于实践、乐于学习、善于反思、勤于写作。

②"基于问题"。教师不再盲目跟风，而是根据幼儿园教育教学实践中出现的实际问题开展研究。

③"精耕细作"。教师实事求是，不浮躁、不作"秀"，扎扎实实地研究教育教学问题和解决教育教学问题。

四、相守PCK：知困，然后能自强也

学习的过程总是伴随着激动和羡慕，对很多想法都有立刻付诸行动的冲动，但冷静思考后还是觉得必须得结合园情：我们实验幼儿园的优势是什么？劣势在哪里？此次学习哪些能为我所用？哪些暂时不能用但以后能为我所用？哪些不能为我所用？所有这些将伴随在我们实验幼儿园教学实践的全过程之中。

诚然，我们没有那么多的专家引领，没有那么浓厚的教研氛围，没有那么多优秀的教师团队，没有那么多的教育经费……但我们实验幼儿园有一颗孜孜不倦的学习之心和锲而不舍的研究精神，让我们一路坚持、一路探索，追逐教育美好的明天。立足自身，找差距、谋发展，学习上海的经验，从园本文化和课程建设入手，尝试从以下几个方面着力做起。

（一）坚守教育的朴实（宁静），适合的才是最好的

做朴素的教育，是我们实验幼儿园一直的追求。庄子曾说："朴素而天下莫能与之美。"朴素的教育就是体现质朴、本色、宁静、不浮夸、不浮华、不浮躁，带着对孩子、对教师、对幼儿园、对教育事业的一种真实情感的教育，也是"天下莫能与之争美"的教育。

"任尔东西南北风，咬住青山不放松。"坚持就是胜利。面对浮躁的社会，教育应该返璞归真。作为教育工作者的我们更应该守住朴素的教育心，祛除自身的浮夸、浮华和浮躁之气，不急功近利，不贪图荣誉，耐得住寂寞，潜下心来沉稳地做教育，探寻教育科学的规律，追寻教育艺术的真谛。只有如

此，才能提升教育的高度，拓展出教育的厚度。

适合教育可分为两个方面，一方面是适合幼儿的教育，一方面是适合幼儿教师的教育。因此，我园把适合教育定位为"创造适合师生共同成长的教育"。在实践中，我们将继续努力做好以下四件事：创造积极的教育环境，做到关注差异、注重情感、释放潜能；改变单一的课程结构；提高教师队伍的素质；注重发展幼儿的多种能力，即学习能力、适应能力、实践能力和交际能力。我们深信，适合的教育就是真正能够彰显生命色彩的教育。只有适合的教育，幼儿才能享受教育的幸福；同时只有适合的发展，教师才能享受职业的幸福。让我们一起努力探索、不断实践，让每个幼儿都享受适合的教育！

（二）依靠团队的力量，探索融合性园本课程

上海幼儿园二期课改启示我们在加强课程改革的过程中，要正视发展中的差距，从本园实际出发，不要邯郸学步，不要依葫芦画瓢，更不能单纯地主张"拿来主义"，要思考我们自身的实际问题，强化课程质量意识，强调内涵发展和整体推进；要依据团队力量，反对单打独斗，反对简单模仿。教师是园本课程开发的中坚力量和主力军，与此同时，园本课程开发本身就以教师的专业发展为指向，是教师专业发展的有效途径之一。因此，我们要把研究性学习作为园本培训的重要形式，不断提高教师的专业能力，依靠教师团队的力量，围绕园本课程建构的目标，量力而行，稳步推进，适时调整。

（三）深入学习PCK，引领教师的专业化成长

轻叩大门，已见里面精彩纷呈；只要上路，总会遇到隆重的盛典。PCK并不是新理念，是教师个人独一无二的教学经验，是独特学科内容领域和教育学的特殊整合，是教师对自己专业理解的特定形式。在学前教育领域谈教师的领域教学知识是促进教师专业发展、提升教师专业能力进而确保学前教育质量提升的重要切入点，幼儿园教师的PCK能力是当前幼儿园课程改革有效实施的重要前提，如何探索有效的机制和措施以提升幼儿园教师的PCK值得我们进行更深入地探究和思考。为此，我将引领我园教师通过各种形式，尤其是通过阅读大量书籍，学习PCK、研究PCK，潜心研究幼儿发展规律与教育教学规律，构建自己的PCK，引领教师的专业化成长。

一个都不能少

——东莞市随班就读工作管理干部和骨干教师
培训班学习心得

在这枫叶红、菊香溢的深秋时节，我有幸来到北京师范大学参加由东莞市随班就读工作指导中心组织的"东莞市随班就读工作管理干部和骨干教师培训班"的学习。此次学习为期四天，既有理论讲座培训，又有学校实地考察活动；从感性到理性、从理论到实践、从宏观到微观、从抽象到具体，形式丰富多彩，内容精彩纷呈。尤其是学者们对融合教育理念的深刻诠释充满了教育智慧，使我对融合教育有了全新的认识，并依据听取的报告浅谈三点自己的感悟。

一、融合教育的核心是保障有质量的教育公平

教育公平是指每个社会成员在享受公共教育资源时受到公正和公平的对待，包括教育机会公平、教育过程公平和教育质量公平。教育公平是社会公平的基础，也是实现社会阶层合理流动的重要通道。"有质量的教育公平"是世界各国教育发展的共同追求。"教育问题是重大民生问题，教育公平是社会公平的起点，人民群众对于教育公平的期望远远高过其他领域。"

培训中，我认真聆听了中国特教界深具影响力的北京师范大学邓猛、肖非等教授关于融合教育基本概念及实施策略的精彩讲座，让我对融合教育有了新的认识。20世纪80年代，西方兴起的融合教育思想基于西方多元、机会均等的社会基础与自由主义的思想传统，倡导"零拒绝"的哲学，呼吁特殊教育与普通教育重新组合，融为一体，使普通学校成为所有幼儿都能成功学习的地方，成为能够满足社区内所有幼儿多样、独特学习需要的教育机构。融合教育作为

一种教育理想不仅彻底改变了特殊教育观念与发展模式，而且赋予普通教育以崭新的内容，对世界各国教育发展的方向都产生了巨大的影响。

融合教育是多元文化敞开、接纳和认同的教育，实施融合教育的核心词是平等和发展。平等意味着给每个幼儿提供适宜其身心特点和学习需求的环境；发展意味着提供每个幼儿最大限度地获取教育成就的机会。融合教育既是一种思想、理论、理想和追求，更是一种实践活动，它体现了人与自然、人与社会、人与人之间的和谐。几天的学习让我深深地体会到，融合教育已不是我原来狭隘的理解（认为融合教育只是特殊幼儿随班就读，融合教育的对象就是特殊幼儿），而是面向全体幼儿适宜的、有质量的教育，这种教育才是真正公平的教育。

二、融合教育就是为每一个孩子提供平等的教育支持

邓猛教授在讲座中指出："融合教育是一种教育理想，它似乎涵盖了人类发展到今天所有美好的价值追求与理想。许多口号可以表达：每一个幼儿都有受教育的基本权利；每一个幼儿都有其独一无二的个人特点、兴趣、能力和学习需要……"

聆听与思考"融合教育思想"的同时，我的头脑中总会浮现出孔子提出的"有教无类，因材施教"的教育思想。孔子作为我国古代伟大的教育家，在中国乃至世界教育史上都享有崇高的地位。"有教无类"要求所有的孩子都有学上，所有的学校都加快发展、提高质量，逐步实现无薄弱校、无差校，体现的是教育的公平性；"因材施教"强调考虑每个人的个性特点和个性差异，使每个人的才能、品行获得最佳发展。两千五百年前，教育圣贤孔子广施"仁爱"，弟子来自广泛的社会阶层，社会地位也十分复杂。但他们一旦成为孔子的弟子，就能享受同等的教育。孔子善于"因材施教"，根据每个人的智力、性格等教导他们，创造了"培养出三千弟子、七十二贤才"的光辉业绩。从孔子的教育思想中我们可以看到，"有教无类"和"因材施教"两者之间相互制约，只有完美结合才能够实现教育的均衡发展，才能够为社会培养出各类所需人才。可见，"有教无类、因材施教"与融合教育所提倡的"平等、公平地促进每一个人发展"的思想如出一辙。

世界上没有完全相同的两片叶子，同样也没有完全相同的两个人。我们要

平等地对待每一个幼儿。幼儿有其独特的发展水平，尊重幼儿就要尊重幼儿的个体差异，尊重幼儿自己的发展水平。在日常工作中，我们要了解幼儿的个别差异，有目的、有计划地认识幼儿，全面系统地观察幼儿，在教育过程中做个有心人，设身处地地为幼儿着想，站在幼儿的角度上看问题、思考问题、理解问题，用欣赏的眼光看待每一个幼儿，让每一个幼儿都能健康快乐地成长。

三、实现融合教育的关键在于提高教师的素质

"质量"是永恒的主题，"教育质量"永远是教育的核心，不讲质量的学校是没有发展前途的。《国家中长期教育改革和发展规划纲要》明确提出："提高质量是今后教育改革和发展的战略重点之一，要把提高教育质量作为教育改革和发展的核心任务。"教育质量的提高、教育事业的发展，归根结底都要依靠教师，教师决定着教育的质量。

作为幼儿园的管理者，我始终把教师队伍建设放在核心地位，积极探索教师队伍专业化发展的方法和途径。目前，我园教师的基本素质、教学水平和教学能力具有很大的差异。因此，我根据本园教师自身的不同特点，对教师进行不同等级、不同层次要求的可持续性发展目标培训和不同培训内容的分层推进培训，不断提升我园教师的专业素质，努力让"一个都不能少，每个都很重要"不再是一句口号、一个理念。

与智者对话，与幸福同行

——2016年东莞市名园长、名师工作室主持人研修班学习体会

中国有句俗语："读好书、交高人，乃人生两大幸事。"在不舍中，带着"累并幸福着"的心情，我结束了此次主持人研修班的学习之旅。回顾这次的学习旅程，真是受益匪浅、感慨颇深。它带给我的不仅仅是工作室建设与运作的经验，更多的是一睹名师风采的机会，让我能与智者对话，感受教育人生的幸福。名师高尚的品格、博大的胸怀、无私的奉献精神给我以启迪和感染，值得借鉴和模仿，并将影响我终生。他们潜心学习，脚踏实地执着地前行，和教师、孩子们一起成长，享受教育带给自己的快乐和幸福，让我明白了学习如逆水行舟，不进则退。借人之智，成就自己，此乃成功之道。

一、学为人师，做自强的人

古人说："大事难事看担当，顺境逆境看襟度。"作为东莞市首批名园长主持人，我非常清楚地认识到即将面临的困难与挑战，尽管此次学习能给予我许多启发，但并没有可以照搬的经验与做法。因此，在机遇与挑战并存、困难与发展同在的关口，我们唯有自强不息、勇于担当，才能在非常时期尽非常之责，用超常之功作非凡之为，在新常态下做新贡献。

教育家陶行知先生曾说："学高为师，德高为范。"作为一名教师，我们要热爱教育事业，要对工作有"鞠躬尽瘁"的决心。既然我们选择了教育事业，荣幸地当上了首批名园长和名师，就要对自己的选择无怨无悔，不计名利、积极进取、开拓创新、无私奉献，力求干好自己的本职工作，尽职尽责地完成每一项工作。不求最好，但求更好，不断地挑战自己、超越自己。用"天行健，君子以自强不息"的精神努力学习、努力实践，把完成每一项任务当作提升担当能力的阶梯和展示担当能力的平台，着力提高狠抓工作落实的水平，

练就担当使命的过硬本领，以良好的形象创造一流的工作业绩，不辜负名园长、名师的称号与领导的期望。

二、享受学习，做快乐的人

"冰冻三尺，非一日之寒。"名师的成绩也是他们在不断学习与反思中取得的，是一生已有的学习成绩的映射。

魅力是一个人内在精神与综合素质的自然流露，魅力之源就是深厚的文化积淀。培训中，最让我震撼的是每位专家、名师身上那份独特的魅力，这些与他们常年读书的习惯是密不可分的。一个人的成长史就是读书史，一个教师能走多远就要看他是否在读书的路上，是否读了该读的书，是否能做到教书、读书、写书。我深深地庆幸自己也是一个喜欢读书的人，养成了看书的习惯。因为越读书越能让我知其中乐趣，也越能感受它带给我人生的意义。苏霍姆林斯基曾说过这样一句话："一个真正的人应当在灵魂深处有一份精神宝藏，那就是他通宵达旦读过的一两百本书。"虽然我有读书的习惯，但离苏霍姆林斯基所说的境界还有很大的差距。作为一名主持人，更应让读书成为一种习惯、一种生活方式，在不间断地阅读中丰盈自己的精神、拓宽自己的事业、提升自己的素养，让阅读成为促进自身成长的精神密码，也更好地享受教育职业带来的快乐和幸福。在未来的日子里，我除了个人下定决心多阅读、多思考，不断提高自己的人生境界外，还要引领我园的教师及工作室的成员阅读，培养他们阅读的兴趣和习惯。让我们携手一起享受学习、享受阅读、享受锻炼、享受工作过程，做一个快乐的幼儿教育工作者。

三、善于思考，做智慧的人

爱因斯坦说："学习知识要善于思考、思考、再思考，我就是靠这个方法成为科学家的。"教育家叶澜主张"反思"，她说过一句很著名的话："一个教师写一辈子教案不一定成为名师，如果一个教师写三年教学反思，就可能成为名师。"此次培训有机会走近多个名师工作室，近距离与名师接触，我深有感触。名师之所以成为名师，除了享受学习外，还有一个很重要的原因就是他们勤于思考、善于思考。他们将勤于思考作为自己工作学习中重要的部分，因为他们深知思考对于自身成长与发展的重要价值所在。因此，我们如果想使自己的素质真正得到提高，就要不断地学习、思考、总结、归纳，只要坚持下去，日积月累，就会在不知不觉中得到提高，并超越他人，有朝一日也能成为真正的名师。

四、执着前行，做幸福的人

再次回头思考这次培训学习究竟收获了什么时，首当其冲，我想到的依然是名师们执着前行的精神引领。在这个物欲横流的时代，他们依然能坚守着心中那份神圣的纯洁，沉下心来做学问，专心研究教育教学。

培训期间，同行的姐妹们获知经过评审我被确定为东莞市第二批教育家培养对象，纷纷向我表示祝贺。此时的我除了淡淡一笑外，并没过多的兴奋与欣喜，而是感到更多的责任。教育需要有"仰望星空"的理想，更需要有"脚踏实地"的朴实。随着年龄的增长，我越发坚信，虽然教育很理想，但我们必须面对现实。教育工作有其自身的特殊性，需要实实在在、踏踏实实，教育人更需要有宁静致远、执着前行的信念。正如南通市通州区教科所所长秦德林老师所说："人生有三个境界，即老老实实做人、勤勤恳恳做事、认认真真做学问。"这样能让人永远铭记的话将一直深深地烙在我的心坎上，也将时常激励着我前行。

谋事在人，成事在天。我们的快乐、我们的幸福，恰恰在谋事的过程之中，失败了有什么可怕的？总结教训，降低标准，从头再来。一心一意爱自己选择的事，安心坚守平凡，立足岗位，做教育教学的有心人。静下心来教书，潜下心来研究教育教学，做一个会学习、会生活、会工作、会锻炼、会尽责、乐助人的幸福快乐的幼儿教育工作者。

五、懂得分享，做成功的人

从此次培训接触到的几位名师中，我们可以总结出他们身上的几个核心品质：虔诚且拥有渊博的学问素养，对知识充满敬畏又运用一切机会学习知识；具有独特的人格魅力，乐于把自己的知识分享给每一位成员；敢于接受被超越的勇气和胸怀。懂得分享、乐于奉献，是一个人走向成功的开始。实践证明，成功距离成才仅差一小步，就是把成功及时与大家共享。作为工作室的主持人，首先要明确工作室的定位，工作室应该是一个学习交流的平台、一个共同成长的平台、一个互助共进的平台。因此，作为主持人，我们要带头分享，把我们的学习研究成果贡献出来。这样既可以得到同伴的敬仰，又反过来促进自己业务能力的提升，是一件双赢的事情。通过展示自己的成果来影响大家，引领更多的教师共同进步。

此次学习之旅虽然暂时告一段落，但属于我的幸福教育之旅才刚刚启程。尽管我知道有更重的学习和工作任务在后面，但思想在我们的头脑中，工作在我们的手中，坐而言不如起而行！路虽远，行则将至；事虽难，做则必成。

高山仰止，景行行止。虽不能至，然心向往之！

越发简单、自然的教育越发精彩

有那么一段时间，因为对专业日渐"熟悉"，而渐感每天"碌碌无为"，甚至曾一度感到自己有点"迷失方向"了。其实，在一段时间的忙碌后，人真的需要学习、需要充电。

这次的充电来得真巧，东城区的这次活动给我指明了方向，也使我更加明确了自己的追求与理想：教育不需要任何装饰，简单自然的其实更精彩，更能打动孩子，也更能打动我们每一个人。

当看到深圳名师陈碧琴老师时，我内心情感涌动。这是一位音乐素养和个人素养都非常深厚的教师，她的教学自然流畅、声音动听感人、教态感染力强。有幸的是我能与她"促膝详谈"，谈她的家庭、生活、学习以及专业成长。她所说的竟然让我产生了很大的共鸣，特别是她非常直白地跟我说："作为园长，你一定要让老师们每天都快乐地工作，不能给老师额外的工作，班上的工作其实已经够多、够繁的了。""作为母亲，工作不是最主要的，最主要的是一定要争取时间与孩子在一起。为了工作而牺牲了孩子，你会后悔莫及的。"

听课的老师回来都激昂地谈着应彩云老师的课，她的教态、她的语言、她的讲话都令大家感触颇深，似乎把她当成了幼儿教育的"神"。我看到教师们能这样欣赏与佩服她也深感安慰，因为她们会把她作为一个美好向往的对象，并向着这个对象不断地努力。

这几位名师身上都有一股吸引力，深深地吸引和打动我。我知道，这股吸引力就是他们丰厚的人生内涵。一个人在生活中历练，同时不停地用心汲取各方面的知识能量，就能拥有一种气场。

教育不需要任何装饰，幼儿更喜欢简单自然的，教师也更轻松、自在！

第三辑
实践与思考并行

3

[读书是研究的基础，思考是研究的过程，
写作是研究的呈现方式，实践是研究的结果。]

适合幼儿的才是最好的

——东莞市实验幼儿园融合性园本课程践行路

幼儿发展是幼儿教育最根本的问题，整个幼儿教育的方方面面正是围绕着这一最根本的问题而展开的。"幼儿是怎样发展的""我们应当如何看待幼儿的发展""怎样才能有效地促进幼儿的发展"，课程构建、教与学、师幼互动、发展评价等一系列理论和实践的问题都是由此展开的。《幼儿园教育指导纲要（试行）》（以下简称《纲要》）更是鲜明地体现了"以孩子发展为本"的理念①。我园作为东莞市的幼儿教育实验基地，以建立符合幼儿身心发展要求的园本课程为研究中心，开始了艰辛而又愉快的园本课程构建的探索旅程。追溯园本课程研究历程，以"模仿""借鉴"和"融合"三个关键元素开始，大致可以划分为三个阶段。

一、1998年10月—2001年8月，奠基阶段

随着《幼儿园工作规程》的颁发，幼儿园课程改革已成为当时幼儿教育界的热门话题，人们开始意识到课程模式的选择决定着幼儿园的办园思想。处于"实验基地"的我们同样面临着这一选择。面对思想空前活跃、课程模式多样、主张和见解各异的情况，我们不知该如何入手，向书本学习无疑是直接可行的途径。于是，我们开始阅读大量书籍，通过学习并模仿书本上的经验试探性地进行课程研究，猎取国内外幼儿教育先进的理论资讯，开阔管理者和教师的眼界，在不断地模仿和实践中学习和积累经验。

---

① 华爱华.新纲要与孩子发展［M］.南京：江苏教育出版社，2002：23.

在园本课程探索起步之初，我们针对本园幼儿的特点开展了一系列单项改革研究，先后进行了市级课题"幼儿德育教育的途径""培养幼儿自主动手操作能力的创新研究""营造宽松、和谐、自主的进餐环境，促进幼儿身心发展的实践"等研究，在幼儿自主动手能力的培养、主题活动的开展、成长档案的建立、观察记录等方面进行了实践探索和研究。我们这些"新手"幼教者也在种种思想的碰撞和激荡中向前行进，逐步更新观念，并将观念转化为教育实践，使教育实践有了新的起色，为园本课程的萌芽发展奠定了基础。

二、2001年9月—2006年7月，雏形阶段

由教育部颁发的《纲要》开始试行。作为实验基地的我们陷入了沉思《纲要》的精神是什么，给我们带来什么样的冲击，对我们的课程探索带来什么样的帮助和指导，怎样才能将我们的课程探索之路走通、走宽、走远，走出具有自己的特色等已成为亟待解决的关键问题。带着这些疑问，我们开始寻找新的研究思路。

在总结开园三年来课程建设工作经验的基础上，我们认真地学习《纲要》精神，审议课程研究与《纲要》精神一致和不一致的地方，反思在课程建构中存在的问题，并在借鉴融合的基础上提出"课程实施园本化"的新理念。"课程实施园本化"，即在已有的课程实施中，根据本园的实际情况，加入自己对课程的理解，并对课程进行适当地改编，创造性地运用课程，使之更适合教育对象，从而更好地促进孩子的和谐发展。这才是我们要做的，也是符合实际的。

我们在园本课程的构建过程中经历了脚踩西瓜皮滑到哪算哪的混沌期，以及借鉴融合，我园课程整体改革取得了新的进展。从预设课程到生成课程、从自上而下地执行计划到自下而上地制订计划、从没有目标的教研到针对问题进行教学研讨，使幼儿园教育不断提升。期间，我们始终把"促进幼儿全面发展"作为课程的出发点和归宿，围绕课程建设先后开展了两个市课题"融合性园本课程的探求""开放式园本管理的探索"的研究，积极探索适合我市、我园幼儿身心发展规律的教育目标、内容、途径和方法。依据《纲要》的精神，结合我市、我园的实际情况，我们提出了园本课程的核心理念——融合。从课程建构的依据、目标、内容、途径、原则、评价等方面全面思考园本课程建构

的体系，初步绘制出园本课程建构的网络图，"融合性园本课程"正是在对《纲要》的不断解读和实践中萌发的。

三、2006年8月至今，成形阶段

课程研究经过多年的磨砺，初步完成了课程体系的整体架构，积累了比较丰富的实践经验，为课程的深入研究奠定了比较坚实的基础。但是，随着《纲要》的深入贯彻执行，幼儿教育的内涵在扩展，课程研究的深度和广度在延伸，新发展形势下的新问题也在不断出现，幼儿园需要一个新的发展模式，我们的课程研究也面临着新的抉择和挑战。比如，怎样在"借鉴"和"模仿"中走自己的路？怎样解读融合性课程的教育取向？怎样理解融合性课程的依据、目标、内容、形式、评价等系统之间的内部联系？怎样界定教育价值？等等。我们在研究这些问题时遭遇了瓶颈，一时难以突破。对此，我们采取了如下策略。

策略一：坚持人本

坚持以幼儿为本，以教师为本，"双本"成了我园工作的出发点和归宿点；构建起具有园本特色的开放式管理模式。从管理者的管理理念、管理机制、管理风格入手，为课程的研究提供充足的探究空间，让课程成为整个幼儿园的核心支柱；转变管理职能，实行"放权"，把管理重点放在支持和服务上，支持教师的自我管理，服务教师的发展需求；建立了"年级教研组—阶梯教研组—课题教研组—园教研中心组"四级研修小组，制定了整套符合教师发展的日反思制、周活动制、月专题培训制、学期成果展示制四项研修制度，通过专家引领、专题互助式研讨、案例会诊、常态课研磨等方式，促进教师团队的专业成长；课程始终坚持以幼儿的发展为根本，以追求自我发展为主线，以幼儿的学习兴趣和生活经验为基点，以融百家之长、多元文化为我所用为路径，积极探索"渗透性"和"主题性"相融合的园本课程模式，初步形成了"以主题探究活动课程为载体，渗透学科、活动、隐性课程"的课程模式。园本课程的建设正伴随孩子的发展、教师的发展和幼儿园的发展而不断走向科学和完善。

策略二：坚持借鉴

从1998年建园以来，作为一所基层幼儿园，我们不具备独立开发课程的基础能力，有的只是对课程研究的执着信念和向往。开展课程研究就是在借鉴他人研究成果的基础上开展实践性的研究，利用他人之长建构自己的经验，才能使课程有发展的根基和前景。也就是站在巨人的肩膀上观察世界，借鉴他人的教育理念来转变我们的教育观念，借鉴先进的课程经验来完善我们的实践行为，借鉴他人的经验来建构我们自己的经验。借鉴不是生搬硬套，也不是兼收并蓄。面对众多的研究成果和经验，我们在广泛学习、研究的基础上，结合本园、幼儿、教师、家长以及社会的实际情况，结合自身的已有经验、研究基础和教育资源，经过斟酌，有选择性地借鉴对我们的课程研究有价值的、被我们认同的经验。融合性课程对先进的教育思想、优秀的教育成果的借鉴吸纳从来没有停止过，对自身发展过程中的实践、创新、反思、提升也从未停止过。因此，在"学习—借鉴—融合—创造—实践—反思—总结"的循环研究中，园本课程的研究得到长足发展。

策略三：坚持反思

我们认真对照《纲要》精神，遵循反复审议、斟酌、修改和完善课程建构的思路。伴随着研究的不断深入，我们对融合性课程的认识由粗浅到深刻，发生了质的变化；我们的实践研究经历由外在形式上的融合到理念、行为、文化的融合。我们以《纲要》、多种理论为依据，以"融合"为课程的核心理念，以"适合孩子的才是最好的"为课程的价值取向，以"促进每一个幼儿的发展"为课程目标，以"选择贴近幼儿生活经验的，满足幼儿不同需要的，融合多元文化"的主题为课程内容，以"主题探究活动、学科教学活动、小主人活动、隐性课程"的主题为课程的途径，以"平等、信任、支持、合作、互动"为课程实施的原则，以"多元评价"为课程评价，从课程的依据、理念、目标、内容、途径、原则、评价等方面全面架构起融合性课程网络。

大家对园本课程从刚开始提出时的陌生到置身其中各有体会和收获，一眨眼十三年过去了。尽管这十三年的践行之路只是短短的一段，但却是实验幼儿园的导引之路、转变之路、成长之路。在这期间，我们既没有接受过相关的专门培训，也没有专家上门指导，真正经历了一个较长的模糊期，现在总算不再盲目了。行进在这条道路上并不是一件容易的事情，它不仅需要行进者辛勤的劳动，更需要行进者不断转变陈旧的观念，摒弃旧有的习惯，更新固化的经验。然而，正是在这个持续摸索和探寻过程中，实验幼儿园的教师们学会了思考，学会了合作、学会了创新，也正是在这个不断实践和磨炼的过程中，实验幼儿园的教师们增强了自己的专业信念，提升了自身的专业素养，持续实现着从观念到行为的转变。

总之，课程是一种文化，每个幼儿园用不同的方式演绎着。园本课程建设承载着各园自己的文化，园本课程的建立还需要我们在教育目标、内容、方法和评价上逐步完善，并根据新时代的需求和《纲要》的精神不断改进并赋予活力。

我们的园本课程正在经历着第三个阶段，而且这个阶段是一个漫长的过程。在探索课程园本化的道路上我们只是迈出了最基础的一步，今后我们将不断探索，为构建更加适宜的园本课程而努力。园本课程是动态的、发展的，也是一个不断走向科学、成熟的过程。没有最好，只有更好，集百家之长，走自己的路，只有适合孩子的课程才是最好的园本课程。

参考文献

[1] 刘晓东.儿童教育新论［M］.南京：江苏教育出版社，1998.

[2] 钟启泉.现代课程论［M］.上海：上海教育出版社，2003.

[3] 张茂聪.课程·教材·教学［M］.济南：山东人民出版社，2003.

[4] 王喜海."园本课程开发"的新理念［J］.幼儿教育，2004（5）.

[5] 王海英.理论多元化视野中的园本课程实践［J］.早期教育，2003（8）.

[6] 教育部基础教育司.《幼儿园教育指导纲要（试行）》解读［M］.南京：江苏教育出版社，2002.

[7] 唐玉萍.经验课程：在探索中生发［M］.南京：南京师范大学出版社，2011.

推进园本小课题研究，助推教师专业成长

苏霍姆林斯基在《给青年校长的一封信》中说道："如果你想让教师的劳动能够给教师带来乐趣，使天天上课不至于变成一种单调乏味的义务，那你就应当引导每一位教师走上从事研究这条幸福的道路上来。"根植于教学实际的课题研究无疑是教师走向职业幸福的一条非常便捷的道路。近年来，我园以申报上级的大课题为总抓手，以教育教学中出现的实际问题为着眼点进行"草根式"的园本小课题研究，助推教师的专业成长。园本小课题研究是我园在园本教研实践中的一种积极尝试，其自愿选择、自主活动及内外结合的激励机制，让教师在自己的组织中、在丰富多彩的活动中展示自己的才华，实现自我的价值，同时在园内促成了开放的学习风气。教师们"从要我研究到我要研究"，从按部就班到创新工作，从完成任务到享受乐趣，个个成为主动的探索者、实践者、创造者，享受研究的意义与乐趣，体会成功和被尊重的幸福，同时获得了自身发展的喜悦。

一、达成共识，解决"我要干"的问题

（一）达成共识，解决"我想干"的问题

我们树立"问题就是课题、反思就是研究、成长就是成果"的教育科研理念，按照"小步子、低台阶、重过程、求实效"的原则，通过观念导向、宣传导向、政策导向、示范导向、奖励导向引导教师开始"扎实的教研就是真科研"的小课题研究之旅。我们通过学习培训和会议部署让大家明白，小课题研究的目的在于解决本园教育教学中存在的现实问题。引导教师善于发现幼儿园、教研组、活动中发生的真实问题或是教学中的困惑，经过反思质疑后，通过追根溯源、查阅资料、借鉴他人经验、制订解决方案并在实践中加以解决，从而自觉地将问题转化为课题。

（二）提供保障，解决"我怕干"的问题

首先，建立两线并行的四级教科研网络。

我园的各项教研、科研活动均围绕"融合性园本课程"的构建，沿着领域阶梯组和年级组纵、横两条线有序进行，逐步构筑了园长牵头、中层干部分工明确、教师全员参与的两线并行的四级教科研组织网络，即"融合性园本课程研究中心—领域阶梯组—年级组—教师"和"融合性园本课程研究中心—教研室—园本课题组—教师"，使教科研工作有一个较为完善的组织保障。这样也构建起了一支"一体双翼"的教育科研队伍，即以全体教师为教育科研的主体，以中层干部为核心的领域阶梯组、园本课题组为一翼，以园领导、教科研骨干教师为经纬形成的重点课题组为另一翼，逐步建立起一支规范的、素质过硬的科研队伍。

其次，建立健全管理制度。

完善的制度是教科研工作有序进行、高效运转的有力保障。我园在原有基础上完善教科研制度，制定了《东莞市实验幼儿园园级课题申报办法》等，对教师学习、课题管理以及各种业务培训活动进行了明确的规定，并严格按照制度进行奖惩，成绩纳入教师期末考核，与教师的评先树优挂钩。

最后，加大课题经费投入。

我园的小课题研究顺利开展还得益于充足经费的持续投入，幼儿园每学期都会拿出专项资金用于教师的培训、学习，几乎每个月都会派出不同学科教师参加全国、省、市级的培训研讨。除走出去外，还聘请袁爱玲、陆凤桃等多位知名教育专家来我园讲座，使我园教师的专业能力在新的高度、新的层面上不断得到提升，形成了一支年龄结构合理、研究能力较高的教育科研队伍，为小课题研究的有效开展奠定了坚实的基础。

二、加强引领，解决"我能干"的问题

（一）确定课题，制订方案，解决"我要干什么"的问题

我园鼓励每一位教师根据自己在日常教学和班级管理中的疑难问题提出一个有针对性的小课题，自由组合成课题研究小组，通过阶段性的研究找到解决问题的有效策略。于是，我园四个园本小课题"在绘本阅读活动中提升幼儿学习品质的实践与研究""幼儿园游戏化彩墨画教学的实践与探索""以游戏

为基本活动促进幼儿五项体育技能动作发展的教学实践与探索""发挥我园亲子阅读区的作用，打造浓郁的家庭书香文化"应运而生，每个教师自然成为课题研究的主人。在课题确立后，我们及时指导教师制订研究方案，明确操作步骤。方案制订后，教师按照"计划—行动—观察—反思—改进"程式组织课题研究，并根据课题研究的进展情况，对课题研究方案进行必要地修订与调整。

（二）营造氛围，加强引领，解决"我如何干"的问题

首先，营造"研究文化"。

幼儿园科研文化是一种研究氛围的构筑，具有隐性的渗透力量，会强而有力地推动教师从无意识到有意识、从被动到主动地投入到教育科研活动之中。我们在幼儿园里积极推广"分享与提升"的理念，教师轮流进行教育教学经验、读书感受、教育困惑的分享，促进大家养成乐于分享自己的困惑、思考、经验、收获的习惯，使幼儿园逐步形成良好的学习、研讨氛围。这都在无形之中影响教师们实践、研究、思考、交流，为小课题研究的群众化打下基础。

其次，培养团结互助意识。

《史记》曰："独学而无友，则孤陋而寡闻。"我们倡导小课题研究，以课题组为单位进行集体攻关，整合团队智慧，发挥群体优势，防止出现教师单打独斗、研究力量单薄的不良倾向，切实提高小课题研究的实效性。在研究中不断细化研究内容，注意分工合作，小组成员各自承担一定的研究内容，并进行深入探究，在探究中合作互助。一是实现资料共享，鼓励教师围绕研究主题通过多种渠道收集相关的资料进行学习，并将收集到的资料在课题组内交流共享，提高课题研究的效益；二是实现信息共享，鼓励教师将研究中获得的信息或阶段性成果及时交流，提高课题研究的效率；三是协同攻关，在研究过程中遇到研究的难点或重点问题时，发挥课题组教师的集体智慧，研究成员之间优势互补、协同攻关，真正发挥课题组的优势和潜力，提高课题研究的突破能力。

再次，注重学习与培训。

在确定课题之后，我们深入到教师群体中了解他们的所思所想，并积极寻找与研究课题相关的资源，争取多种专业的支持。为此，我们在推进小课题研究的各个阶段中，对小课题研究人员有针对性地就课题确定、方案设计、组织实施、方法运用、结题鉴定等方面进行了集中培训。在研究的中期，我们开展了工作回顾思考、互助交流活动、小课题研究咨询日，建立了小课题研究资源库等，为教师提供了科学的辅助。我们非常注重遇到问题及时优化调控和合理处理，这些科学的辅助在某种程度上降低了教师小课题研究的忙乱性，增强了教师进行小课题研究的信心，同时激发了教师进行小课题研究的兴趣和积极性。

最后，鼓励研究过程的个性化。

幼儿园开始时帮助教师根据自身关注点和自身能力选择合理的研究点，设计符合自身情况的研究方案。在开展过程中，我们更是鼓励教师从实际需要出发，根据自身条件选择、运用适合自己的方法开展课题研究工作，积极倡导行动研究、案例积累、实践反思等形式。基于普通教师的差异性，小课题研究对课题成果形式倡导多样化和个性化。因此，我们积极鼓励教师用自己的方式展示自己的研究成果，通过生动的案例和个性化的语言来叙述自己实践，提炼自己的经验，体现自己的特点，如写教学案例、课后反思、教学后记等。

三、搭建平台，解决"我干好（了）"的问题

（一）搭建反思交流平台，解决"我干了什么"的问题

在研究的过程中，为了让教师能及时了解自己在课题研究过程中的所做、所思、所得，幼儿园通过搭建形式多样的反思交流平台，鼓励教师互相交流心得与反思，共同分享成果，实现了以思考促积累、以积累促发展的目的。

一是坚持开展双周小课题研究的主题研讨活动，分析小课题研究中存在的问题，共同研讨对策和措施，从而为下一阶段的小课题研究扫清障碍，保证课题的正常开展。

二是定期召开小课题主持人沙龙，小课题主持人定期聚会，围绕小课题研究中的热点、难点各抒己见，进行思想碰撞、经验交流。

三是开设小课题讲坛，课题组教师轮流当主讲，介绍自己做小课题的经验、体会和遇到的困惑。

四是举办个案研究报告会，以典型案例为素材，通过具体分析、解剖，建立真实的研究感受并寻求解决问题的方案。

五是建立课题档案资源库，及时记录教师的研究进程、专业发展进程与收获。

（二）搭建推广展示平台，解决"我干得怎样"的问题

小课题研究要出成果，成果出来重在推广应用。为此，我园坚持每学期期末开展阶段研究汇报、观课议课、研究经验交流等形式的阶段成果展示活动，倡导教师将已取得的课题成果及时推广应用到教育教学第一线，使课题组之间相互学习、相互交流、相互借鉴、共同提高。同时，我们还努力发挥教科研的桥梁和纽带作用，及时向姐妹园，社会各界介绍我园小课题研究动态，宣传研究成果，积极鼓励教师推广经验与科研成果。一方面，激励教师不断提高教学成果的参评率、获奖率和发表率，努力使每位教师学会总结教育教学成果，全园教师市级以上获奖率及刊物发表文章数呈逐年递增的态势。另一方面，召开全市性的小课题成果推介会，大力鼓励和支持课题组教师发挥集体智慧，用多种形式向同行和专家展示研究成果，从而收获成功与掌声，增强教师们持续研究的自信心。

"千里始足下，高山起微尘。"我园小课题研究已经走过五个年头。在这五年里，我们从"走近"到"深入"，有过"山重水复疑无路"的徘徊和迷惘，有过"柳暗花明又一村"的兴奋和激动，最后达到"蓦然回首，那人却在，灯火阑珊处"的执着和冷静。现在，小课题研究在我园已熠熠生辉，并日益彰显出它在教育教学工作中的独特魅力，引领我园教育科研工作逐步拓展，提升我园教师专业素养，推动我园工作踏上新的台阶。作为小课题的直接领导者、组织者和忠实的见证者，我亲身体验了它给我们带来的欣喜与收获。

参考文献

［1］刘良华.教师专业成长［M］.上海：华东师范大学出版社，2008.

［2］郑金洲.教师如何做研究［M］.上海：华东师范大学出版社，2005.

［3］石艳，潘虹岚，于玲.促进教师专业成长的园本教研管理［J］.学前教育研究，2010（4）.

［4］张晖.幼儿园教育科研指南［M］.南京：南京师范大学出版社，2011.

交还主动权，让幼儿真正成为环境的主人

——谈班级主题环境的创设

《幼儿园教育指导纲要（试行）》（以下简称《纲要》）指出："环境是重要的教育资源，应通过环境的创设和利用，有效地促进幼儿的发展。""幼儿园应为幼儿提供健康、丰富的生活和活动环境，满足他们多方面发展的需要，使他们在快乐的童年生活中获得有益于身心发展的经验。"在这种情况下，我们该创设什么样的环境才能使之成为能与幼儿对话的活教材？让环境与幼儿相互作用，仅仅让幼儿参与或把部分环境交给孩子布置是不能实现的，而应将环境视为课程，并使幼儿真正成为环境的主人。

随着我园"渗透性"和"主题性"相融合的园本课程探索的不断深入，我们深刻地认识到，要想突显环境的隐性价值，最大限度地激发幼儿的探究潜能，就必须让无生命的物质环境变成"会说话的活环境"，让环境的创设和利用成为幼儿的课程内容，真正走入幼儿的生活。为此，我们努力地践行着"把主动权交还给幼儿，让幼儿真正成为环境的主人"这一理念。

一、加强学习，转变观念，穿透"雾里看花"的迷雾

环境创设，仁者见仁，智者见智，常常让人有雾里看花的感觉。尽管幼儿园是同一间，然而不同的人看到的也会大相径庭，所发现的深层意义更会有天壤之别。说到底，环境创设也好，课程教学也罢，最终目的都是为了让幼儿接受，幼儿才是环境和课程的主体。因而，无论环境创设多美，如果幼儿没有兴趣、没有参与，没有达成与孩子的互动，那么这样的环境创设就是失败的。所以，对环境评价的最后落脚点有且只有两个——创设的环境是幼儿喜欢的吗？能促进幼儿的发展吗？

为了帮助教师转变观念，穿透"雾里看花"的迷雾，首先，我们带领教师

学习《纲要》和理论，帮助教师从更高的角度理解环境的含义；其次，随着理论学习的深入，我们逐渐达成共识，不应再把精力放在"我想怎样布置、我想怎样创设"上，而是应把精力放在"我怎样启发、怎样引导支持幼儿参与、幼儿怎样参与，我能最大可能地提供什么样的条件"上；最后，我们在组织教师学习理论的同时，带领教师外出参观，学习姐妹园好的创设经验，组织教师开展主题背景下的环境创设实践探索，引导教师边实践边思考：怎样的环境是孩子喜欢的，能促进孩子的发展。

二、大胆实践，实现转变，品味"豁然开朗"的喜悦

如何让环境创设与教师互动、与孩子互动、与家长互动，既使教师省力、省事，又让大家都得到启发与发展。基于这些考虑，我们选择以班级主题环境为载体，提出"班级环境与主题教学相融合"的观念，尝试把主动权还给幼儿和教师们，鼓励教师大胆实践，实现转变，品味"豁然开朗"的喜悦。

（一）把主动权还给教师

环境创设的整体风格代表着园长与教师的思维方式、文化水准、审美情趣，只有优秀的教师群体才会创设出一个充满想象与动感的教育空间。进行幼儿园的教育环境设计就像编写一部优秀的剧本。作为园长，我的工作就是引领教师参与精彩的"剧本"创意工作。因此，我们首先从幼儿园管理工作的角度进行职能和方式的转变，把重点放在支持和服务上，把主动权还给教师，为教师提供适当的自主空间，充分调动和发挥每位教师的主动性和创造性。

1. 提供支持与服务

成立由美术专长教师组成的环境创设小组和主题环境阶梯研究小组，为教师提供各种环境创设的"专业"意见。充分发挥校园网络的作用，建立了主题教育资源库、音乐教育资源库和班级工作资源库，供教师查阅。

2. 时间长度的自主权

鼓励每个班级选取一个本班幼儿特别感兴趣的主题进行长期探究，探究时间各班可根据各自的实际情况灵活地调整，同时允许教师对班级环境创设有不断试误的过程，允许班级环境阶段性地留空。

3. 表达形式的自主权

鼓励教师抓住幼儿最感兴趣的内容进行深入挖掘与拓展，并以最有把握的

表现形式体现出来。

4. 环境评价的主动权

与教师一起研制评价标准，并分三阶段进行评比，评比中每一位教师都有参与权与评比权。

（二）把主动权还给孩子，实现四个转变

在环境创设方面，教师精心打造的环境常常难以引起幼儿的共鸣。原因何在？因为在这样的环境里，有太多成人的意志，没有幼儿的自主与创造。因此，我园教师一改传统的做法，尝试放手，将主动权还给幼儿，在观念及行为上有了一定的转变。

1. 教师自身角色的转变

从原先的直接动手、动脑者变为观察者、倾听者、引导者、支持者。

2. 环境创设内容的转变

以往环境创设的内容基本上是认知内容的简单呈现，变革中我们不断结合当前的主题探索课程内容，多方位、多层次地展示幼儿的整个探索过程，让环境记录孩子的研究足迹和成长烙印。幼儿与教师通过共同讨论，把自己在探索活动中生成的材料有序地融入班级环境中，从而使班级环境从"教师的手工创作地"转变为"孩子的学习探索地"。

3. 教师教育行为的转变

从盲目跟从、被动地创设到追随幼儿、自主地创设，使环境创设价值取向从浮于表面、重视欣赏性的展示到不断调整、深入主题、强调创设对话式的环境，从而有效发挥主题环境的隐性教育意义，促进幼儿的发展。正如新课改中提出的"如果课程能追随儿童"那样，我们倡导的环境也应紧紧追随幼儿发展的步伐，与幼儿共同前进、共同成长，使环境与幼儿融合，从而在与环境的互动中捕捉灵感、获得启示、习得经验。

4. 环境创设功能的转变

幼儿主题探究活动的开展是一个探索发展的过程，在创设主题活动环境上同样是一个不断丰富、不断发展的环境，主题活动的环境不是简单孤立、静态停止的，而是延续、流动的，并且是可以与幼儿互动的。这样，幼儿与环境实现真正的"对话"，并在"对话"中得到全面发展，从而避免走入幼儿园环境创设中过分追求色彩的艳丽和刺激以及精致的装饰效果的误区，实现环境创设

功能的转变。

三、不断思考，互动共享，追求"和而不同"的教育活性

所谓"和而不同"就是追求内在的和谐统一，而不是表象上的相同和一致。我们尝试的主题探究活动与班级环境的融合，既体现了教师教学的个性和创造性，又体现了实验幼儿园教师群体的和谐。我们时常组织教师间的互动教研活动，时常鼓励教师大胆想象，释放每个教师的创意、热情和献身精神，由此构成了一个良性循环、爱岗敬业、互动和谐的教师群体。在互动效应中，教师群体专业素质自然而然地获得了提升。"和而不同"使我们幼儿园各班级主题环境创设在紧紧追随幼儿发展步伐的同时，又呈现出自己独特的风格与魅力。

传承民间体育游戏的思与行

具有中国传统文化底蕴的民间体育游戏，内容丰富多彩，形式轻松活泼，节奏明快，灵活自由。从教育层面看，民间体育游戏有助于幼儿在体能、感知、语言、社会性等方面的发展；从现实角度看，面对社会经济的高速发展，一名社会人需要具有良好的社会交往、协调组织、合作竞争等能力，而民间体育游戏中恰好蕴含着这些丰富的现代教育价值和发展潜力，对促进幼儿各方面的发展具有独特的教育价值。

然而，随着经济的发展、社会的进步，民间体育游戏发展到今天却突然黯然失色，在孩子们的游戏活动中销声匿迹了。由于科技的不断进步、经济条件的优越，孩子们常常待在家里，足不出户地看电视、玩电动玩具，使幼儿的自发游戏受到了一定的限制。当前幼儿园体育活动教学方法传统，幼儿的主体性得不到发展。《3～6岁儿童学习与发展指南》（以下简称《指南》）中指出："幼儿园应鼓励幼儿进行跑跳、钻爬、攀登、投掷、拍球等活动，以及跳竹竿、滚铁环等传统体育游戏，发展幼儿动作的协调性和灵活性。"体育活动是促进幼儿身心健康发展的最佳途径，而民间体育游戏是游戏中的一项极好的项目，集游戏性、趣味性和教育性于一体。民间体育游戏组织形式灵活多样，不受时间、空间、地点、材料、人数的限制，幼儿在游戏中不仅能锻炼身体，而且学会了生活、交往、竞争、合作、操作、创新等。基于《指南》的精神，我园开始思考民间体育游戏的多元价值，思索如何科学地把民间体育游戏引入幼儿园课程中，探索适宜不同年龄幼儿的民间体育游戏内容、形式、方法，形成具有本园特色的民间体育游戏课程。

一、民间体育游戏的价值

（一）社会价值的体现——传承和创新传统文化

幼儿是文化传承的核心。民间体育游戏是他们接触和学习本民族文化、认识本民族独特的文化符号的重要途径。源远流长的民间体育游戏是我国文化宝库中的一枝瑰丽奇葩，是我们珍贵的非物质文化遗产。早年丰富多彩的民间体育游戏由于时代变迁等原因大部分正在失传，旧时品种繁多的民间玩具由于材料更新等原因正在绝迹中，年代虽短，但这段历史现在回忆起来仍然可亲可近。事实证明，民间体育游戏的传统性、集体性、自主性、生活性、简易性、环保性都是现代电脑游戏无法具备的。让远离生活的传统民间体育游戏再次走进幼儿的生活，让幼儿认识中国的传统游戏，并使之有可能成为继承者和推广者。幼儿是我们的未来，让他们在童年时期体验民间体育游戏的乐趣，让民间体育游戏在充分开展的过程中发展与创新，让民族优秀传统文化代代相传。组织民间体育游戏可以让幼儿了解祖国灿烂光辉的历史与文化，理解传统文化教育中的精华，给幼儿的生活注入新鲜的血液，为他们将来更好地继承和发扬中国优秀的传统文化打好基础。民间体育游戏作为民间游戏的一种，既是民族文化的"活化石"，蕴涵着丰富的民族智慧和民族理念，又是一种重要的民间教育活动，在传递民族文化、塑造民族精神、培育民族性格的过程中具有不可替代的功能和意义。

（二）课程价值的体现——不可多得的教育资源

伴随着经济高速发展和日益城市化，现代社会生活环境和方式束缚了幼儿游戏的自由，导致幼儿游戏时间的缺失、游戏空间的限制、游戏材料的单一、游戏伙伴的缺少和游戏活动的被动，造成幼儿游戏的整体缺失。然而，传统的民间体育游戏贴近自然，贴近幼儿的现实生活，以其自身具有的文化性、自然性、生活性、随机性等特性弥补了城市化带来的负面效应。可见，民间体育游戏将传统文化与幼儿的现实生活状态相连，是幼儿园不可多得的教育资源。民间体育游戏的生活性和价值的综合性与幼儿园课程的特性是一致的。我们可以改变幼儿园游戏及课程的内容、方法和途径，有效丰富当前幼儿园主题教学内容，实现民间体育游戏与现代游戏的整合，为幼儿的可持续发展奠定基础。民间体育游戏是现代幼儿教育不可或缺的教育资源，不仅蕴含着丰富的朴素运动智慧，而且因为其具有高度的灵活性、随意性与娱乐性，能够弥补现代体育游戏的规范化与标准化带来的局限，实现传统文化与现代科技的相得益彰。民间体育游戏作为教育的重要组成部分，蕴藏着丰富的教育智慧和朴素的教育真理，是现代教育实践不可缺少的精神资源。

（三）个体价值的体现——促进幼儿身心全面和谐发展

民间游戏被称为儿童健康成长的"精神植被"，其优秀文化内涵与教育价值作为构建现代幼儿精神家园的基础，给幼儿营造了一个丰富多彩、健康向上的文化环境。民间体育游戏本身包含着很多有利于幼儿发展的因素，集游戏、教育、趣味、戏乐和竞争为一体，对促进幼儿身心健康具有不可替代的作用。民间体育游戏不可忽视的特点能吸引幼儿百玩不厌，可以满足幼儿活动和发展的需要，对提高和发展幼儿的身体机能和运动能力，增进其体质，维护和促进其心理健康，甚至对促进其社会性和智能等的发展都起着重要作用。

二、民间体育游戏的传承与发展

（一）积累梳理，形成资源库

我国民间体育游戏内容丰富，种类繁多，分布广泛。因此，我们调动园内外一切可以调动的力量，通过宣传发动、民间采风、网上查阅等形式，搜集民间体育游戏素材。首先，广泛发动。通过召开家长动员会，向广大孩子家长宣传民间体育游戏在幼儿发展中的重要性，引导家长对民间体育游戏形成正确的认识，支持幼儿园开展民间体育游戏和幼儿玩民间体育游戏。其次，民间采风。师生、家长一起收集素材，把了解到的民间体育游戏的名称、玩法、规则和材料一一详细记录下来，为进一步精选民间体育特色游戏奠定基础。同时，发动教师走进社区，通过采访不同年龄、不同地域的人，了解不同时代、不同环境下民间体育游戏的种类和玩法。再次，浏览网页，查阅文献。通过图书、文献、网络等现代媒体，收集整理各种各样的民间体育游戏。最后，我们通过各种途径、各种形式整理到一起编集成册，形成传统民间体育游戏资源库的雏形。

（二）精挑细选，确保适宜性

1. 筛选沿袭

民间体育游戏作为我国传统文化的组成部分，其内容既有精华也有糟粕，总会在一定程度上表现出时代和地方的局限性。例如，有些民间体育游戏内容存在着思想陈旧、不健康、不安全等问题，如打砖头、玩泥巴等，不利于幼儿健康发展；有些民间体育游戏在刚开展时幼儿参与率高，但游戏形式呆板单一，时间长了孩子们自然而然就对游戏本身失去了兴趣；还有一些民间体育游戏离现代生活太远，幼儿很难理解，根本不适合现代的幼儿。同时，民间体育游戏种类繁多，内容丰富，玩法各不相同，规则难度也不一样。因此，作为一种现代的教育资源，挖掘、筛选、整理优秀健康的民间体育游戏是实施民间体育游戏的关键。在选择和确定民间体育游戏时，我们以《幼儿园工作规程》《幼儿园教育指导纲要（试行）》和《指南》为指导，遵循幼儿的年龄特点和发展规律，综合考虑时代和社会对幼儿成长和发展的期望和要求，以弘扬与培育民族精神和传承民族文化为主线，根据幼儿的兴趣、能力与教师的经验、园内外教育资源状况等，精选适宜的民间体育游戏。主要遵循以下五个标准：

（1）符合幼儿的年龄特点及发展规律。

（2）简单易行，可操作性强，能够提供幼儿积极参与的机会，激发幼儿的兴趣。

（3）蕴含丰富的文化价值及教育价值。

（4）安全性较高。

（5）符合幼儿园客观条件（包括幼儿园所在地域条件、幼儿园物质条件、教师的能力与经验等）。

2. 分门别类

在筛选的基础上，我们首先根据游戏的特点对每一个民间体育游戏认真分析和归类，主要归类为：徒手类游戏、器械类游戏、律动类游戏、亲子类游戏和综合类游戏五大类。再根据不同年龄段幼儿的身心发展特点，确定不同类型民间体育游戏的发展适应性与指导原则，进而建构幼儿园的民间体育游戏运用模式，并进行了小、中、大班的游戏分类。

3. 旧法新玩

民间体育游戏的材料、玩法、规则等本身具有很大的可变性。为使民间体育游戏满足各年龄阶段幼儿的需要，我们在尽量保持其特有游戏风格的基础上，按照"健康、安全、简便、有趣"的原则，从内容、材料、规则、玩法和形式上对游戏中的不利因素进行适宜地取舍、改编与创新。这个改编的过程不但可以赋予民间体育游戏新的含义，而且更能符合幼儿的身心特点，具有积极的教育意义。经过改编和创新的传统民间游戏以崭新的面貌进入现代幼儿的生活，并作为一种有益的教学资源渗透于幼儿园的游戏教学之中。我们在加强对传统民间体育游戏的整理和改编工作的同时，积极思考，总结在幼儿园中组织民间体育游戏的方法和策略，力争用自己的智慧使民间体育游戏这一古老的教育资源在现代幼儿教育中展现新的活力。

（三）组织实施，力求科学化

1. 把民间体育游戏渗透到一日生活的各个环节中

民间体育游戏种类丰富，取材方便，而且一般不受时间、空间及场地的限制，不管何时何地，只要孩子们有兴趣，哪怕只是一小段时间，在走廊角落里、在座位上、在区角里，都可以自由地组合、自由地玩耍。我们可以有效选择，优化一日活动质量，保证各环节过渡自然。对于零散时间，如晨间活动、来园、离园、饭前、饭后、活动间隔等，我们可以选择一些不受时间和场地限制、玩具携带方便、便于收拾的游戏，穿插在零散的时间进行。如"翻绳""转拉线陀螺""东南西北""石头、剪子、布"等。又如在户外活动时间，可以选择一些运动量大、发展幼儿肌肉的民间游戏，如老狼老狼几点了、跳大绳、跳皮筋、跳房子等游戏，培养幼儿的竞争意识和合作精神。

2. 把民间体育游戏融入日常教学中

教师结合各班的日常教育目标，从幼儿感兴趣的问题出发，把民间体育游戏引申和设计到各领域教学活动和主题活动之中，丰富课程内容。如幼儿园中的数学教育，数学本身的抽象性、逻辑性使得教学有一定的难度，在数学活动中加入民间体育游戏可使得幼儿在游戏的过程中更轻松、更容易地掌握所学知识。在数数的学习中加入民间游戏"找东南西北"，让幼儿两人一组，在手动的同时数出数，并在教具中贴实物小纸片，使学习游戏化，幼儿能尽快掌握并巩固知识。又如在端午节的主题活动中，我们把传统的赛龙舟的游戏活动作为主题活动之一，让大家在画布上画了大的龙之后，每组的幼儿分别拉着这"龙舟"进行比赛，锻炼合作与跑的能力，幼儿在快乐中获得了发展，感受到了民间艺术的魅力。

3. 把民间体育游戏引入到区域活动中

在各区角投放相应的民间游戏材料，开展相应的游戏活动，让幼儿在自主的动手活动中体验民间体育游戏的快乐。例如，可在益智区投放"翻绳""七巧板""找东西南北"等各种民间游戏；在科学探索区投放陀螺、铁环、沙子等游戏材料；在计算区进行"拾石子"等游戏，使幼儿从游戏中感受事物的数量关系，体验数学的重要性和趣味性；在体育区投放高跷、沙包、皮筋、跳绳等。同时，我们尝试在每一个年级室外创设一个相对固定的民间体育游戏区，鼓励幼儿开展民间体育游戏，如"挑小棍""翻绳""抓子"等。在区域活动开展的过程中，教师应注意观察幼儿的游戏情况，不断调整区域设计和材料投放，使区域活动更具有针对性和实效性。为了提供丰富多彩的游戏材料，我们还特意创设了民间体育游戏材料区，投放了各种各样、大小长短高低不一的材料，如木（竹）梯子、木凳子、轿子、水枪、沙包、皮筋、跳绳、毽子、飞镖、降落伞、沙包、保龄球、纸团、套圈等，供幼儿自主选择、自主游戏、体验游戏的快乐，在快乐中成长。我们还充分利用幼儿园的场地资源，在平整场地上画上富有情趣的、五颜六色的"圆圈""方格"，孩子们入园、离园时不由自主地就玩上几次"跳圈""跳格子"等游戏。

4. 将民间体育游戏结合到专题活动中

定期组织民间体育游戏展示活动或表演活动，给予幼儿展示自己的舞台。将日常玩的民间体育游戏结合音乐及舞蹈进行表演，既不能失去游戏的趣味性又得有舞蹈的优美性。活动中幼儿将所学过的各种丰富有趣的民间体育游戏一一展示出来，如幸福拍手歌、跳格子、开火车、竹竿舞、彩虹伞等。把民间体育游戏的元素渗入到幼儿的早操活动中，如编排了孩子绳操、铁环操、竹板操等，孩子们不仅在心中播下了喜悦的种子，更体验到了民间体育游戏带来的乐趣，也让教师们看到了民间体育游戏所蕴含着的传承性和教育意义。通过举办专题的民间体育游戏活动，民间体育游戏文化的传承不仅仅在幼儿园的小范围内，更是扩展到家庭、社区，民间体育游戏所具有的独特魅力被更多的家长和幼儿喜爱。

5. 民间游戏拓展到家园亲子活动中

家园亲子活动是一种促进幼儿全面发展的家园互动形式。民间体育游戏不仅适合幼儿在园与同伴共同玩耍，也适合在家庭中与父母玩乐。因此，我们把民间体育游戏拓展为亲子游戏，让家长和孩子在游戏的过程中既找回自己温馨的童年，又发展幼儿各方面的能力，进一步增进了亲子间的关系。如在每年的庆"六一"活动中；我们把部分亲子民间体育游戏穿插在其中；我们还会在每年的12月举行"民间体育游戏亲子运动会"，让民间体育游戏在欢声笑语中更加富有生命力。从一开始的民间体育游戏搜集、游戏材料的制作、游戏活动的参与、家长助教的体验、亲子展演的倾注，家长与我们一路携手走来，不但让他们重忆童年的美好，同时也转变了错误的育儿观念，自觉地将游戏的自由、快乐的体验还给了孩子。密切地接触让他们了解了幼儿园工作的重要性和繁杂性，深切地体会到教师的辛劳和伟大，从而更加主动、积极地配合教师做好家园共育的工作，家庭和幼儿园的关系日益紧密。

（四）实践研究，促进课程化

课程的建构是一项长期而复杂的工程，是在理论的指导下和持续的实践探索中建构与完善的，它来源于我们对实践的思考。我园自2008年开始尝试把民间体育游戏引入幼儿园课程中，收集整理了民间体育游戏的课程素材，并且进行了园本的改编、创编，形成了具有本园特色的民间体育课程雏形。然而，怎样才能形成较科学的民间体育游戏课程框架体系？由此，从2011年开始，我们依托省十二五课题《幼儿园民间体育游戏课程开发的实践研究》，在实践中把研究的触角延伸到民间体育游戏课程的开发和构建中。经过多年的实践研究，我园的民间体育游戏课程在深入分析、消化吸收课程精华的基础上，形成了我园课程开发的路线：收集—整理—筛选—改良—消化—创新—整合—拓展。

在民间体育游戏的收集、整理、运用、开发、创新、再运用的过程中，教师能灵活运用民间体育游戏的特点并发挥其最大的作用，有计划、有目的地组织和开展各类民间体育游戏，丰富了游戏的内容，完善了游戏的规则，变化了游戏的玩法，探索出一套适合幼儿活动的民间体育游戏的内容、形式和要求，从而达到培养幼儿参加体育活动的兴趣和习惯，锻炼幼儿体质，开发智力，更好地促进幼儿身心全面发展，使幼儿园有一套比较完整的民间体育游戏园本教材可供教师参考使用。

挖掘和开发蕴藏在我国民间的、适合幼儿开展的民间体育游戏，促进幼儿全面和谐发展是一项积极的尝试，是我们在理解《指南》理念、践行《指南》精神的一个片段思考与行动。传承民间体育游戏，还需要我们继续将《指南》与实践联系，用《指南》对照教育行为，在践行中基于教师的经验不断反思，在实践中不断尝试。

参考文献

［1］丁海东.当前我国幼儿园课程建设的核心概念与基本理念［J］.教育导刊（下半月），2010（8）.

［2］朱应明.民间传统体育项目应用于学校体育教学的尝试［J］.体育学刊，2001（8）.

［3］曹中平.民间体育游戏应用于幼儿健康教育的实验研究［J］.学前教育研究，2005（1）.

［4］教育部基础教育司.《幼儿园教育指导纲要（试行）》解读［M］.南京：江苏教育出版社，2002.

幼儿园教学管理中的"放权"

《幼儿园教育纲要（试行）》（以下简称《纲要》）中指出："教育活动的组织与实施过程是教师创造性地开展工作的过程。教师要从本《纲要》、本地、本园的条件出发，结合本班幼儿的实际情况，制订切实可行的工作计划并灵活地执行。"这不仅指明了幼儿园教师工作的性质，而且隐含着对教学管理的要求。教师已从由上而下、从目标到幼儿转向由下而上、从幼儿到目标来制订计划，并灵活地加以实施。可见，在这个过程中，教师并没有现成的模式可以套用，必须运用自己的专业知识与能力，深入了解幼儿及其生活，创造性地进行工作。教师的工作不再是仿造而是创造，他们需要的自主空间更大了。所以幼儿园的教学管理也必须转变职能和方式，实行"放权"，给教师足够的自主权，支持教师进行自我管理，从而成就教师、发展幼儿。

一、下放"发展自主权"，为教师提供学习上的支持和服务

教师的专业水准已成为决定教育质量的关键因素，教学管理的重心应该转移到提高教师的专业水平上来，而学习正是教师成长、创造的源泉。因此，我园十分关注教师的学习与成长，为教师提供学习上的支持和服务，把发展自主权下放给每一位教师。一是为教师提供外出学习进修或是参观考察的机会，由点到面为广大教师提供吸收先进教育信息的机会。二是开展多维的园本研修活动。我园根据目前教师队伍的水平与能力，建立了"年级教研组—阶梯教研组—课题教研组—园教研中心组"四级研修网络，制定了整套符合教师发展实际的园本研修制度：日反思制、周活动制、月专题培训制、学期成果展示制，通过集体会诊、读书沙龙、常态课研磨、案例分析等方式，促进教师之间的相互学习、合作、支持、沟通、探讨和研究，促进教师的专业成长。另外，注重鼓励教师坚持撰写教育日志，让教师及时把工作中的所想所思记录下来，并定期举行教育日志交流活动，为教师提供表达自己心中所想的机会，把自主反思

的权力交给教师。在此过程中，教师不断地自主发展与成长，作为管理者的我们绝不是一个简单的旁观者或促进者，而是一个既对教师成长提供帮助，又使自身在反思中不断获得发展的"反思主体"。三是为教师搭建自我发展的舞台，如举办环境创设分享交流活动、班级亮点工作发布会、小课题成果汇报会、阶梯式研训展示、园本课题沙龙等活动，让每个教师都有展现能力的机会。另外，我们变过去注重走出去学习别人为让别人走进来学习我们，加强对外公开课的力度，全园教师参与，公开评选优质课并在全市幼儿教育同行中展开观摩。这样，教师们就拥有更多的发展和展现自身能力的机会和主动权。

二、下放"决策权"，给教师一个弹性的工作空间

教师能动性、创造潜能的发挥程度最终取决于教育管理者给予其多大的空间、余地。所以我园在建立和健全了一系列必要的规章制度约束规范的基础上，变静态管理为动态管理，园长和教研室深入教学第一线，把具体的教育过程决策权下放给教师，与教师共同商议教学进展，参与制订教育计划和设计教学活动，共同研究和解决工作中的困难，适时为教师提供恰当地指引、支持和服务。首先，在课程的安排上制订了灵活性很强的学期教育教学计划表，鼓励教师根据本班幼儿的实际及感兴趣的事物，自行选择教育内容，挖掘和创编具有本土特色的教育活动设计，与幼儿共同制订相适应的生成性课程，在课程的执行中允许教师进行及时调整，根据各自班级幼儿的发展水平，选择适宜的活动内容和方式。这既可调动教师的积极性，又发挥了幼儿的主动性，并且使课程接近幼儿的最近发展区，从而取得了更佳的教育效果。其次，在时间安排上，在保证每天的户外体格锻炼、做操、自由活动的时间，对进餐和午睡时间做统一规定外，我们允许教师根据教学内容的需要和幼儿学习的需要灵活安排活动的时间、地点和形式。如在教学活动时间段，教师可根据幼儿的兴趣进行活动，原则上是30分钟，如幼儿兴趣正浓，教师可自行调整，确保活动有始有终地进行和幼儿对事物的探索欲望。再次，在材料的使用上，为了保证教师在教学过程中有充足的资源，允许教师自行选择和运用各种教学资源。如我们为了提高材料的利用率，允许各班打破班界和级界，各班可根据需要使用其他班的活动区或材料，实现教育材料的共享。最后，在课题或学科的研究选择上，教师们可以结合自己的特长、兴趣及所在班级的具体情况，选择自己想研究的

学科或课题。这充分调动了教师的积极性和主动性，教师明确了研究的目标和方向，自然而然地融入教研之中，成为教研的主人。

三、下放"资源的使用权"，为教师提供资源的支持和服务

我们知道，教师的"教"和幼儿的"学"要在探索和研习中进行，教育就得为幼儿提供丰富的活动环境，让幼儿在与环境的互动中学习，同样教师的教学也需要大量的资讯支持。我园已充分认识到了这一点，所以专门设立了一间教职工阅览室，可供教师学习、参考的各类书籍都有，丰富的书籍资讯能够启发教师的探索和创造。我们还充分发挥校园网络的作用，收集各类资料，建立了园本课程资源库，其中包括主题教育资源库、音乐教育资源库和班级工作资源库等，供教师查阅。另外，社区、家庭等一切环境中的人、事、物都是教育可利用的资源。为了使这些资源在教育工作中能够被充分地利用，我们不仅利用各种家校活动，向家长宣传新的教育思想和方式，同时我们还改变过去家长开放日的做法，开展家长助教月活动，鼓励家长走进教室，参与教育教学。另外，我们还成立了家长支教队，让家长在参与教育教学的同时，为我们的教育教学提供各种服务。以上种种途径为教师创设了充足的教育资源，同时给予教师充分的资源使用权，在时间、数量等方面不再给每班一个硬性规定，而是允许教师根据本班需要自由使用。

四、下放"监督评价权"，让评价走向多元化

我园的评价走向多元化具体表现为：在评价主体上，变以往单一的评价主体为园长、教师、家长共同参与，重视自评与互评相结合，每月的岗位评分、专项评比、教职工工作表现互评调查表、师德专项调查表等，都采用了自评与互评结合的方式，让教师自己发现问题、改进工作，同时也促进了教师与教师、教师与家长、教师与其他教职工之间的沟通和理解，使教师们乐意接受评价意见和建设；在方法上，变以往以形成性评价为主的评价方法为定性与定量（量化与非量化）结合、形成性与总结性评价结合、单项评价与综合评价结合的评价方法，如教职工工作量化记录表、各类人员工作评价表等，采用了日常的自然观察、谈话、日常工作业绩分析等多种方法进行对教师教学效果的评价；在评价的内容上，不再仅仅集中于对幼儿的评价，首先通过对幼儿各方面

的发展评价来作为评价教师工作效果的一个维度，其次是重视对整个教育过程的评价，包括对教育活动设计的评价、环境的评价、教育过程的评价、教育效果的评价、家长工作的评价等，这样就形成了立体的、全面的、多维度的评价体系；在评价标准上，我园将原来通过测评幼儿对本学期知识技能的掌握情况来作为唯一评价教师工作的方法，调整为将测评的重点放在幼儿各种能力的发展上，用发展的眼光在了解幼儿现状的基础上对教师的教学做出全面的评价。

这样，随着评价的多元化，教师有了评价权、监督权，也是教师们创造性地开展工作的有力保障。在良好的工作氛围中，教师们敢于尝试，充分施展自己的才华，发挥自己的潜能，自主性得以充分发挥。

幼儿园民间体育游戏课程研究的发展历程

在遵循现代教育理念的基础上，我园自2008年就开始借助园内外的资源，将民间体育游戏引入到园本课程中并进行开发研究，摸索出一套适宜的具有本园特色的民间体育游戏课程。回顾近八年的研究和实践历程，我们大致经历了以下三个阶段：

一、初始阶段（2008—2009）：以民间体育游戏为重点，对户外体格锻炼游戏活动的组织和开展进行实践研究

具有中国传统文化底蕴的民间体育游戏贴近自然，贴近幼儿的现实生活，蕴涵着大量的教育契机和丰富的教育价值，是幼儿园不可多得的教育资源。同时，传统民间体育游戏取材方便，因地制宜，能节约成本，在场地、器械、形式等方面都有利于我园体育活动的开展。因此，作为一个规范的示范性幼儿园，我们坚持贯彻《幼儿园教育指导纲要（试行）》（以下简称《纲要》）精神，积极组织生动有趣、形式多样的体育活动，吸引幼儿主动参与。自2008年开始，我园把民间体育游戏引入幼儿园体育教学和户外体育活动中，通过宣传发动、民间采风、文献搜索、网上查阅等形式，搜集民间体育游戏素材，并编集成册，初步形成传统民间体育游戏资源库。同时，由浅入深地对民间体育游戏开展过程中所涉及的主要问题进行层层分解，逐项解决这些问题，提高幼儿的游戏水平和教师的指导能力。

二、雏形阶段（2010—2011）：将民间体育游戏引入园本课程，形成课程雏形

园本课程建设的最终追求不是园本，而是有效促进幼儿的发展。因此，从2010年开始，我们充分利用民间游戏的传统性、集体性、自主性、生活性、简易性、环保性等特征，以幼儿为本，遵循幼儿的发展规律，以弘扬与培育民族

精神和传承民族文化为主线，针对游戏内容的创新、组织策略的创新、场地的创设及材料与资源运用的创新、游戏的玩法探究等进行研究，还对一物多玩、旧物新玩、多物一玩、多物合玩等问题进行研究探索。这个探索的过程不但赋予民间体育游戏新的含义，实现传统民间体育游戏与现代游戏的整合，而且更符合幼儿的身心特点，促进幼儿全面和谐地发展。在这个过程中，我们还尝试把民间体育游戏引入到幼儿一日活动的各环节之中，将民间体育游戏与幼儿园相关联的其他活动结合起来，将民间体育游戏纳入幼儿的学习活动、生活活动、游戏活动及环境的浸润中，使之成为幼儿园课程体系的有机组成部分，形成了具有本园特色的民间体育游戏课程雏形。

三、发展和提高阶段（2012至今）：民间体育游戏课程的系统化研究

（一）家园合作，拓展课程研究

教育家苏霍姆林斯基说："没有家庭教育的学校教育和没有学校教育的家庭教育都不可能完成培养人这一极其细微而复杂的任务。"对幼儿园来说，家长是幼儿园教育中的重要资源。我们通过把民间体育游戏融入到亲子活动中，让家长在和孩子游戏的过程中既找回自己温馨的童年，又进一步地增进亲子间的关系。如在每年的庆"六一"活动中，我们举办半日公开活动，把民间体育游戏穿插在其中；还以传承和创新民间体育游戏为载体，在每年的12月举行"传承民间文化，同玩经典游戏"亲子趣味运动会，家园携手传承经典文化，共同体验民间体育游戏的乐趣。

（二）科研引领，带动课程发展

经过前几年的探索，我园在实践上形成了自己的民间体育游戏课程。这一课程因符合幼儿的年龄特征而受到幼儿的喜爱，同时因符合《纲要》和《3～6岁儿童学习与发展指南》（以下简称《指南》）精神而受到有关专家和幼教同行的肯定。然而，我们也意识到，作为一种园本课程，它还有许多方面需要进一步探讨和完善。于是我们开始着手对民间体育游戏课程进行系统化地研究，采用课题研究策略，以课题研究作为引领和支撑，促进课程的建构，带动课程的开发，同时提升教科研能力。2011年，开展了市级课题《幼儿园民间体育游戏课程的实践与研究》，2012年课题研究进一步深入，课题获省级立项，课

程的开发进程始终与课题研究保持互动，结合课题研究调整课程内容与实施策略。

到目前为止我园整理民间体育游戏近100则，汇编成《幼儿民间体育游戏集》，类别有徒手类、器械类、律动类、亲子类和综合类五大类，制作了游戏器械近1 000件，专门设立了民间体育游戏器械室和体育游戏多功能区。另外，我们还汇编了《民间体育游戏教师论文集》，拍摄和制作光盘10张，并形成了《幼儿园民间体育游戏课程的实践与探索》一书。这些成果已对我园开展民间体育游戏产生了良好影响，同时在社会上形成了积极的反响。民间体育游戏已成为我园一道独特的风景线，全国各地姐妹园的领导和教师纷纷来我园观摩，我园工作经验和做法多次在市内外得到交流和推广。

民间体育游戏课程的构建是在理解《纲要》和《指南》理念、践行《纲要》和《指南》精神的基础上一次积极尝试，迈出了最基础的一步。它的建立还需要我们在教育目标、内容、方法和评价上逐步完善，并根据新时代的需求和《纲要》《指南》的精神，不断改进并赋予它新的活力。

参考文献

[1]教育部基础教育司.《幼儿园教育指导纲要（试行）》解读［M］.南京：江苏教育出版社，2002.

[2]庞丽娟.文化传承与幼儿教育［M］.杭州：浙江教育出版社，2005.

[3]莫晓超，李姗泽.民间游戏资源在幼儿园活动中的运用及其策略［J］.学前教育研究，2006（9）.

《3～6岁儿童学习与发展指南》背景下
家园共同体建构的思考与实践

陈鹤琴先生说过："幼儿教育是一种很复杂的事情，不是家庭一方面可以单独胜任的，也不是幼儿园一方面能单独胜任的，必定要两方面共同合作方能得到充分的功效。"《3～6岁儿童学习与发展指南》（以下简称《指南》）明确指出："家庭是幼儿园的重要合作伙伴。应本着尊重、平等合作的原则，争取家长的理解和主动参与，并积极支持、帮助家长提高教育能力。"在深入学习落实《指南》的过程中，我园再度思考了这一教育的永恒主题，通过转变观念、专业引导、拓展资源，积极探索家园共同体建构的策略，拓展家园共育的深度与广度，形成了教师与家长在行为上相互支持、在心理上相互理解的家园共同体，为幼儿构建了良好的教育生态环境，促进了幼儿健康、自信、和谐地发展。

一、变"家长开放日"为"家长助教月"，让家长成为主动的实践者

家长有不同的职业、知识与专长，对幼儿园来说是一笔丰富的教育资源。为了合理利用家长资源，我园变以往的"家长开放日"为"家长助教月"活动，让家长从过去被动的观摩者变成教育的主动实践者。每年的11月是我园的"家长助教月"，在这个月份里的任何一天的任意时间家长都可以根据自己的特点、专长及需要自愿报名，走进幼儿园参与教育活动。自"家长助教月"活动开展以来，该活动得到了广大家长的大力支持和高度赞赏，取得了良好的效果。活动前，家长们开动脑筋、精心准备图片、实物、PPT等带入课堂，力求为孩子们展示最精彩的一面。活动现场更是欢声笑语、热闹非凡、多姿多彩：有爸爸妈妈爷爷奶奶几个家庭组团开展各类趣味十足的游戏活动；有交警

爸爸妈妈与孩子一起开展角色游戏"交通警察"；有爱好探索的帅气爸爸与孩子一起动手开展的化学、物理小实验；有爱手工的美女妈妈与孩子一起玩树叶贴画、彩泥、纸盘吹画、废旧材料；有喜欢阅读的家长与孩子一起演绎童话故事；有阳刚气十足的爸爸与孩子们一起玩各类体育游戏；还有美食能手妈妈和奶奶婆婆们开展的各类美食DIY……家长在为孩子准备材料、设计活动、组织活动、和孩子一起游戏、撰写心得体会的过程中，既可以更加全面地了解自己的孩子，增进亲子关系，又真切地了解了幼儿园的教育教学活动，切身地体验了幼儿教师的工作。"家长助教月"活动不仅调动了家长实施教育的主动性和积极性，还提高了家园共育的整体效应。

二、变"上门"家访为"按需预约"家访，让家长成为积极的沟通者

随着经济社会的迅猛发展，虽然微信、QQ群、电话等交流方式越来越多，但人与人面对面的交流方式仍不可或缺。然而，传统的"上门"家访，一方面因家长处于被动状态，效果必然受到影响，另一方面随着社会的发展，"上门"家访也屡遇尴尬。因此，我们把原来传统的"上门"家访变为"按需预约"家访，专门制作了预约卡和预约登记表，标注家访的形式，如面谈、"上门"家访、电访等，以及家长姓名、方便到访日期及时间、地点（可在家或幼儿园）等，并留下预约热线，让家长根据自己的实际需要进行预约家访。这种传统家访方式的改革让家长在家园沟通中变被动为主动，变消极为积极，切实增强了家访的实效，营造了"和谐教育"的氛围，提升了家园的"亲密指数"。

三、变"家园联系手册"为"幼儿成长档案"，让家长成为家园互通中的主角

家园联系手册是教师与家长围绕孩子的发展与教育进行书面联系与交流的形式，常规的内容主要是每个星期孩子在园和在家的表现和评价。现实中，联系手册因每周发放，所写内容难以具体，容易写成流水账，难以反映幼儿的变化与新的情况，家园互通效果不明显。因此，我园尝试建立"幼儿成长档案"，采取幼儿、家长、教师共同参与的方式，档案内容包括教师及家长对幼儿的观察记录、幼儿活动作品以及各种反馈信息等。在创建初始，我们先与家

长讨论有关"档案"的内容问题，让家长认识到成长档案的价值，还帮助家长了解建立"档案"过程中使用的材料、形式和整个程序。在创建过程中，我们鼓励家长把孩子在家中的学习、游戏、趣事、妙语等记录下来，加入到档案中，以增进教师对幼儿在家情况的了解。同时，我们还定期开展"幼儿成长档案"展评活动，邀请家长和幼儿一起相互交流、观摩。从过去的"家园联系手册"到现在的"幼儿成长档案"，形式、内容和记录的方式等都变得越来越丰富、生动和真实，成为帮助家长了解幼儿发展、认识幼儿教育、建立经常性家园联系的有效途径，家长不再被动，成为家园互通中的主角。

四、微课掌上通+微信公众号，让家长成为真诚的理解者和合作者

随着网络技术的发展，我园积极探索家园沟通的新型方式，即建立微课掌上通+微信公众号相结合的沟通分享平台，两者内容上各有侧重，从传统的一对一的家园互动方式到多角色全方位和家园互动方式转变，实现两者功能上的相得益彰，为家园及家长间的及时沟通搭建一个距离近、成本低、效果好、交互性强的家园互动新平台，使家园之间达到"思想融合、积极互动"的新境界。

1. 微课掌上通

家园和谐沟通平台。在教育信息化大背景下，我市从2012年就启动"教育信息化推进工程"，开发了"微课掌上通"家校沟通服务平台。把"微课掌上通"这个灵活、便捷的窗口引入到我园以及班级的家园共育互动中，随时向家长汇报孩子一天的表现，内容上包括学习课程、活动照片、家园合作等各个方面。通过浏览微课掌上通或在掌上通上留言，家长可以随时了解孩子各方面的情况，也可以发表感言、提出建议或要求。由于我们定期上传资料，渐渐地，家长们除了关心自己的孩子外，也开始关注起其他孩子，家长之间的互动变得越来越频繁、热烈，讨论的话题涉及孩子生活中的方方面面，促进了家长与家长之间的和谐关系，不但解决了家长"视察"需求的矛盾，更增强了家长参与的透明度，使家园关系更加和谐。

2. 微信公众号

育儿知识分享平台。俗话说："授人以鱼，不如授人以渔。"这句谚语与家庭工作有重要联系。为了帮助家长提高教育素养，转变家长的教育观念，根据家长需要，我们利用微信公众号定期转发关于科学育儿的一些小文章或家长

育儿心得体会等，并把文章内容概括出来，吸引家长关注和学习。如孩子刚入园时，我们会为家长发一些家长怎样减少幼儿分离焦虑方面的文章，针对要毕业的大班家长，会发一些有关幼小衔接方面的知识和内容，家长在上班休息或回家休息时间都能随时学习一些科学育儿的知识或方法，这样更有针对性，从而丰富家长育儿知识，帮助家长树立正确的教育观。

在我园家园共同体构建的过程中，家长从被动观摩到积极实践，从不解到真诚理解，从被动接受到主动合作，从配角到主角和同盟军，家长们以越来越宽厚与博爱的胸怀为每一个孩子营造了一片爱的绿荫，使教育环境越发真实质朴，使教育越发回归自然，使每一个孩子都拥有自爱、自信的品格。

参考文献

［1］吴邵萍.家园共同体的建构［M］.教育科学出版社，2011.

［2］段小磊，薛秀琴．"家园共同体"幼儿园合作教育探究系［J］.文教资料，2014（10）：46.

［3］章建蓉．"大中国"主题背景下"家园教育共同体"的实践和思考［J］.新课程研究：学前教育，2012（2）：38-39.

东莞市幼儿园教材使用现状的研究

摘　要

课程改革的历史从某种意义上来说就是一部教材的演变历史，教材问题向来是教育改革中最为敏感的问题。目前，在我国幼儿教育课程改革的实践中普遍存在着教师过分依赖教材的现象，且这一现象不可能在短时间内改变。从这个背景来说，教材在我国幼儿园课程改革中具有更加重要的作用。

东莞作为我省经济发达城市，其幼儿教育发展较快，但随着课程改革的推进，幼儿园教材的使用暴露出了很多问题，如教师总体上缺乏接受培训的机会、教师教材观陈旧、教师使用教材的教学行为与教材的新理念脱节等。能否解决好我市幼儿园教材使用中存在的问题，将直接影响我市幼儿园教材使用的有效性，也将关系到我市幼儿园课程改革的成败与幼儿教育质量提升的快慢。

本论文采用问卷调查法、访谈法和观察法，一方面深入了解东莞市各级各类幼儿园教材选用的总体情况，另一方面也深入了解教师在使用教材过程中的真实想法、遇到的困难、头脑中的教材观和在具体教学活动中的教学行为，从而发现问题，引起幼儿教育理论研究者和实践者的质疑精神和批判意识，反思教材的选用和使用等问题，并有针对性地提出规范教材选用和提高教材使用有效性的对策与建议，以期为幼儿园教材使用管理提供参考。

研究表明，尽管目前幼儿园教材市场空前繁荣、种类繁多，甚至呈现出众多出版机构争夺市场的局面，但是东莞市幼儿园教材选用相对规范，教师对教材的理解逐渐加深，教师的教材观念也有了一定的转变，绝大多数教师比较认同和接受教材所体现的课程新理念，也十分支持使用有一定权威的教材，同样希望幼儿园也能创设一个促进教材使用实效的良好氛围。从根本上而言，东莞市幼儿园教材使用的整体状况是良好的、积极向上的。但是，问题也同样存在，概括起来主要表现在两个方面：一是缺乏有效的管理，这是导致教材选用困难的重要原因；二是教师的观念、知识和技能成为制约教材使用的最主要因素。

基于上述问题，我们分别给教育行政部门、教材编写者、幼师教育机构和教材使用者提出以下建议：建立健全幼儿园教材选用制度，保证选用优秀教材；以"材料式"的教材观，引领教材的编制过程；加大幼儿教师教育的改革力度，着力培养能"用教材教"的教师；积极转变陈旧的教材观，努力实现由"教教材"向"用教材教"的转变。

关键词：东莞市幼儿园、教材、使用现状、建议、课程

第一章　绪　论

一、研究缘起

（一）研究的背景

1. 我国幼儿园课程现状

目前，我国正处于社会现代化的转型时期，政治、经济、文化等各个方面正经历着改革。在这场划时代的变革中，我国的幼儿园教育也成为"弄潮儿"，特别是20世纪80年代初在我国幼儿教育界掀起的课程改革更是成为其中的焦点。纵观我国二十几年来的幼儿园课程改革，我们不难发现在不同的思潮特别是后现代主义思想的影响下，我国的幼儿园课程改革呈现出一种对现有幼儿园课程进行反思、对一些主流的教育观念进行质疑并崇尚多元性和差异性的思维方式。我国的幼儿园课程，无论是课程的理论基础、课程的模式、课程的教材与内容，还是课程的目标和价值取向，都从20世纪五六十年代的"独尊"发展到现在的"百花齐放"。2001年，我国正式颁布了《基础教育课程改革纲要（试行）》（以下简称《纲要》）。在幼儿教育领域，我国颁布了《纲要》，该纲要作为幼儿教育改革的纲领性文件。在《纲要》的统摄下，幼儿园开展了轰轰烈烈的课程改革。可以明确的是，在新课程实施过程中，幼儿园在面对新的课程标准、新的课程设置、多样化的教材时，需要研究的新问题的确很多。

2. 我国幼儿园教材现状

由于幼儿教育本身所具有的特征与我国义务阶段的教育不同，当前我国幼

儿园没有法定的国家课程和地方课程，各幼儿园及教师主要从幼儿园自身的实际出发，充分利用各种可以利用的资源来构建课程，所以与幼儿园课程相关的教材各不相同。多数幼儿园的课程教材来源主要有公开发行的较权威的与幼儿园课程有关的教材、地方或区本教材、园本课程、网络资源及其他资源等，这使得教师在设计和组织教育教学活动时可以充分根据幼儿的特点和发展水平，灵活选择适当的教材，充分发挥教师的积极性和能动性，更好地促进幼儿和谐并富有个性地发展。幼儿园课程改革实行了国家基本要求指导下的教材多样化政策，许多出版部门及有关机构也积极参与编写教材，涌现了一批有创新、有特色的好教材，使我国幼儿园教材建设迈出了由单一走向多样化的实质性的一步。然而，教材多了，如何选好、用好教材，已成为教材多样化建设更为关键的一步。

3. 教材在课程改革中的重要地位

教材是课程的重要组成部分，直接反映课程内容，反映课程设计中规定的学习活动方式，其设计质量与水平会影响到课程的整体设计质量与水平，从而影响教育教学的质量。从课程、教材与教学的关系来看，教学是课程实施的重要环节，新的课程理念能否落实到实处，在很大程度上取决于教学过程中是否真正落实新的课程理念。而教材则是教学系统的信息传播媒体，在教学中具有很重要的地位和作用。教材是课程与教学的中介环节，在课程改革中也具有举足轻重的作用。

课程改革的内容由原来的几十年不变，到现在的年年在变；从原来单一从教的角度编制教材到现在充分考虑幼儿的需要编制教材，从过去的一套统一教材到现在的多套教材，我们的教材改革确实迈出了可喜的一步。但是，我们隐隐感到和以上变化相比，教材的直接使用者——教师的教材观并没有多少改变。我们仍然过于依赖教材，以为教材改了便能解决一切问题。这一错觉带来的危害相当严重，它将使课程改革如同历次的改革一样，最终被简化为一场教材的改革。在幼儿园教育教学实践中，这一情形已初现端倪。不少教师在用处理旧教材的方法处理新教材时，穿新鞋走老路，教材观念、教学观念和教学方式并没有大的变化。这样下去，课程改革能否成功？目前，我国幼儿教育课程改革实践中，普遍存在着教师过分依赖教材的现象，且这一现象不可能在短时间内改变。从这个背景来说，教材在我国幼儿园课程改革中具有更加重要的作用。

4. 东莞市幼儿教育发展现状

东莞市是以制造业闻名的新兴工业城市，人口结构极为特殊。目前，户籍人口有169万余人，而据不完全统计，全市非户籍常住人口约700万人，非户籍常住人口与户籍人口比例大于4：1。近年来，在市委市政府的正确领导下，各级幼儿园认真贯彻落实国务院办公厅转发的关于学前教育改革与发展指导意见精神，充分调动社会各方面的积极性，强化领导机制，加大资金投入，完善制度建设，深化教学改革，推动学前教育事业蓬勃发展。依照学前教育的有关条例、法规要求，逐步建立了"地方负责，分级管理和各有关部门分工负责"的学前教育管理体制，市教育局基础教育科设有一名幼教专干。2006年增设了民办学校管理科，加强对民办学校、幼儿园的审批和管理。同时，各镇街宣传科教办配有一名兼职幼教干事，约有10个镇街相应成立了镇幼教研究室或教研组，以及民办教育管理小组，建立起市、镇两级幼教管理架构。据2009年初步统计，全市有589所幼儿园（其中民办幼儿园426所、公立幼儿园163所），三至六周岁在园（班）人数130 932人，入园（班）率达94.96%。在我市幼儿园（班）就读的非本地户籍幼儿人数约为83 709人，占全市在园（班）幼儿人数的63.9%，其中绝大多数为农民工子女。各镇街积极推进教育强镇建设，加大教育投入，幼儿园教育环境和条件不断优化。目前，省、市一级幼儿园84所（其中省一级幼儿园10所、市一级幼儿园74所）。我市多种形式办园，多元化的学前教育事业正在稳步健康发展。2003年，我市被评为"全国幼儿教育先进市"。

（二）研究的动机

我作为东莞市教育局幼儿教育研究室教研员，去年九月接了市教育局基础教育科的一项调查任务，为了加强对我市幼儿园教材使用的规范管理，负责对全市幼儿园使用教材的总体情况进行一次调查。从初步调查的结果发现，我市幼儿园教材市场空前繁荣，教材种类繁多，但部分幼儿园教材的选用与征订各自为政，各幼儿园在选用教材时大多以个人经验和喜好为主要依据，随意性大，缺乏专业性与科学性。

同时，我有幸被市里推荐参与省老教育工作者协会幼儿园教材《幼儿成长课程》社会学科的编写工作。在编写的准备过程中，通过对图书市场的调研发现，市面上的幼儿园教材种类很多，不仅仅是高等教育出版社等编制的幼儿教材，很多教育机构和教育公司也开始进军幼儿园教材市场。现在的幼儿园教材和过去的幼儿园教材相比，的确发生了一些变化，这其中有好的方面，也有不足之处。尤其是在市场经济快速发展的今天，幼儿教材的种类的确很多，但很少有人对这些教材的使用情况和质量进行关注。毕竟幼儿园教材没有全国统一的教学大纲和教材选用以及审定委员会，因此对幼儿教材进行审视和研究并不是一件容易的事情。而且，幼儿教材仅仅是幼儿教育领域的一个辅助性工具，不能完全代表各级幼儿教育者的理念和水平，但它却广泛存在着，并且为幼儿园所用。因此，我们有责任关注它的使用和质量问题。

教材集中体现了教育思想和教育观念，是教师在教学活动时需要加以利用的主要课程资源。但不管教材编得多么出色，依然只是教师在教学过程中加工和重新创造的对象。随着幼儿教育课程改革的深化，我国幼儿园教材改革持续进行，新教材不断推出。面对新的形势，作为实施具体教学过程的幼儿园教师，如何理解教材的本质、树立什么样的教材观是课程改革的关键所在。然而，幼儿园教师作为教材的直接使用者，由于长期受到以教师为本位的传统教育模式的影响，教材观并没有多少改变，仍然过于依赖教材，以为教材改了就可以解决一切问题。因此，迫切需要教师改变陈旧的教材观，只有这样才能真正使教材起到把教育思想转化为教育现实的纽带作用。教材的变化对幼儿园教师提出了更高的要求，如何在新理念下树立新的教材观、如何驾驭教材和创造性地使用教材是教师面临的重大挑战。

于是我产生了这样一个想法，希望通过调查研究解答以下疑问：一是从总体来说，目前我市幼儿园在教材选用上究竟是一种什么样的状况；二是幼儿园教师在教材的具体使用过程中是怎样看待教材和使用教材的。此调查旨在发现其存在的问题，分析问题存在的原因，并结合发展趋势，提出设想，以期为教材的使用提供一些建议，为教育行政部门和一线教师提供一些参考。

二、研究的目的、意义和设计

（一）研究的目的

本研究试图为教育行政部门制定幼儿园优质教材选用的相关政策提供科学的依据，为教材的编写和使用提供一些建议。

第一，目前我市幼儿园教材选用是一种什么样的状况？有什么特点？

第二，目前我市幼儿园教材的种类有哪些？各幼儿园在教材选用时主要考虑的因素是什么？

第三，目前我市幼儿园教师是怎样理解教材的本质的？又是如何处理教师与教材的关系的？他们持有哪些教材观？

第四，目前广大教师在使用教材的过程中遇到了什么问题或困难？

（二）研究的意义

1. 理论意义

通过对东莞市幼儿园进行调查研究，深入了解了目前我市幼儿园教材选用的总体现状和幼儿园教师在具体使用教材过程中所体现的教材观等问题，以探究现行幼儿园教材的使用问题，从而激发幼儿教育理论研究者和实践者的质疑精神和批判意识，反思现在使用的幼儿园教材的有效性和合理性，进而引起幼儿教育研究者、政府等部门对幼儿园教材的选用、使用和质量问题的关注，从而推动幼儿教育的理论探索与进步。

2. 实际意义

通过分析我市幼儿园教材的使用现状，找出问题，从而引起人们更加关注幼儿园教师的专业化水平和成长，呼吁幼儿教育界关注幼儿园教材的选用、使用情况和教材的质量等问题，并能够为教材的编写、选用和质量的提高提供一定的参考及建议。

（三）研究设计

1. 研究的对象

本次研究的对象是东莞市各级各类幼儿园，访谈和观察的对象主要是部分园长和教师。

2. 研究的方法

为了全面地收集资料和了解情况，本次研究采用了问卷调查法、观察法、访谈法等研究方法。

（1）调查问卷法（调查问卷附后）。

由于要参与教材的编写工作，我对目前所发行的各种幼儿教材进行了搜集，并对其进行了较全面地观察和思考。在参与教材编写的过程中，更了解到幼儿教材编写的实际情况和编者的心声。因此，结合东莞市幼儿园的具体情况，通过访谈个别园长以及征求东莞市教育局分管幼儿教育的领导和个别镇街幼教专干的意见，开展了一次全市性的问卷调查，目的是了解我市各级各类幼儿园教材选用的总体情况。

（2）访谈法（园长和教师访谈提纲附后）。

在问卷调查的基础上，我有针对性地选取了部分幼儿园园长进行了访谈，目的是更深入了解我市幼儿园教材使用的总体情况。接着，我又深入访问了部分教师，进一步了解他们在教材使用过程中的真实想法、遇到的困难以及头脑中的教材观，力求为本次研究提供真实有力的支撑性材料。

（3）观察法（观摩教育活动内容提纲附后）。

研究选用观察法是想通过直接观察幼儿园教师在使用教材组织教育活动中的实际行为，分析出该行为背后的教材观等影响教材使用的因素。

3. 研究步骤

步骤一：通过调查问卷对全市各级各类幼儿园的基本情况及教材使用的总体情况进行全面调查。为了避免社会系统误差，采取匿名回答的形式，由各镇街幼教专干发放并回收。在此基础上，再对部分园长和教师进行访谈，了解他们对我市幼儿园教材使用现状的看法及在使用过程中遇到的问题。

步骤二：选取幼儿园8所（包括教育部门所属幼儿园、镇街中心幼儿园、管理区幼儿园以及民办幼儿园，其中省一级幼儿园2所、市一级幼儿园2所），通过个别访谈了解幼儿园教师的教材观。最后结合现场观摩教育活动更加深入了解并分析教师在教材使用过程中的具体情况，以揭示教师在使用教材过程中的教材观，从而对幼儿园教材的使用进行实践层面的分析。

三、概念界定

（一）东莞市幼儿园

指东莞市行政区域（包括32个镇街）内在教育行政部门注册的各级各类幼儿园（包括公办幼儿园和民办幼儿园、等级幼儿园和非等级幼儿园）。

（二）教 材

早期的教材是以"讲义"或"教本"的形式存在的，主要作为教师教授活动的依据，有时作为"备忘录"而存在[①]。当时教材的编制主要取自成人的视角，为教而设计。随着学校规模的扩大、印刷技术的进步，讲义逐渐被教科书

---

① 曾天山. 论教材的心理化［J］. 西北师范大学学报，1995（3）：63.

替代。教科书作为"课本"，成为师生在教学活动中的依据，不再是教师手中的垄断物。也由于幼儿学习的需要，人们在编制教材及教学中开始考虑幼儿的年龄特征，并注意结合幼儿的经验与兴趣，联系幼儿的生活。

关于教材，目前尚无一致性界定。纵观教材概念发展简史，可以明确地看到，随着社会的发展，在哲学观、教育观（思想）、儿童观、学习观等影响下，人们对教材本质的认识与概括也表现出不同特征。大致来说，有以下几种有代表性的教材定义：

1.《中国大百科教育卷》对教材的解释

（1）根据一定的学科任务，编选和组织具有一定范围和深度的知识技能体系，一般以教科书的形式来具体反映。

（2）教师指导幼儿学习的一切教学材料。

2. 顾明远主编的《教育大词典》对教材的界定

教材是教师和幼儿据以进行教学活动的材料，是教学的主要媒体，通常按照课程标准（或教学大纲）的规定，分学科门类和年级顺序进行编辑，包括文字教材和视听教材。

3. 杜威在《民主主义与教育》中给教材下的定义

"所谓教材，就是在一个有目的的情境在发展过程中所观察的、回忆的、阅读的和谈论的种种事实以及所提出的种种观念。"在这里，杜威显然是把教材作为活的知识来把握的。换言之，在他看来，"教材即知识"。不过，这里的"知识"决非死的、静态的、现成的知识，而是活的、动态的、生成的知识。杜威认为，在幼儿的经验中，教材（即活的知识）的成长可以区分出三个典型阶段。第一阶段，幼儿的知识是作为聪明才智，即"做事能力"而存在的，这种教材表现为同事物的亲近，或是对事物的熟知；第二阶段的教材渐次地借助别人传授沟通的知识或信息得以积累和深化；第三阶段，终于扩充和全面地掌握而达于合理地、逻辑地组织的材料。

4. 日本学者欢喜隆司教授的观点

"从总体上说，教材是受学校教学内容所制约的。它源于实质性的科学、文化、艺术以及生活的各个领域，并以计划的形式表现出来。包括幼儿在教师的指导之下，通过学习活动在心理上和实践上主动地作为普通教育和专业教育的成分加以掌握的物质对象和观念对象。"

5. 新课程师资培训资源包《新教材将会给教师带来些什么》（靳玉乐等主编）对教材的定义

教材是教师为实现一定的教学目标，在教学活动中使用的，供幼儿选择和处理的，负载着知识信息的一切手段和材料。它既包括以教科书为主的图书教材，又包括视听教材、电子教材以及来源于生活的现实教材。这里所指的新教材是指在新一轮课程改革理念下，根据《课程标准》开发和使用的教材系列。

6. 传统教育派的观点

教材是历史积累的人类经验，是学校各学科的主要内容或材料。现代教育派认为，教材既包括师生所从事的活动，又包括完成此类活动所应用的各种材料或工具。教材可分为有形的（物质的）和无形的（精神的）两种。

在现代教育的观念中，教材更多地被认为是一种学习资源，其全面而准确的内涵应是"教学材料"，不仅包括"教学什么"，也包括"怎样教学"。教材编制的策略多种多样，既有直线式、圆周式，也有阶梯式和螺旋式。教材的类型日益丰富，既有传统的教科书，也有现代的多媒体多功能组合教材。

综合以上看法，本研究将教材定义为一种学习资源，由信息、符号、媒介构成，用于向学生传授知识、技能和思想的材料资源，包括教科书（含电子教科书）、教学挂图、图册以及与教科书配套的音像制品、计算机辅助教学软件、教学参考信息、教学辅导信息等。

（三）幼儿园教材

从本质上看，幼儿园教材具有与其他各级各类学校教材一般意义上的同一属性。但由于幼儿园教育对象的特殊性，使得幼儿园教材也具有特殊性。具体表现在：

第一，由于幼儿园教育没有全国统一的教学大纲和教材审定委员会，也没有统一的考试，因此"学什么"的范围宽泛不定，随意性较大。

第二，幼儿园教材提供的学习信息必须完全借助于教师传达给教育对象，因此幼儿园教材中教师用书的比重远远大于幼儿用书，以教师用书为主。

第三，幼儿园教材不仅仅呈现幼儿学习的内容，更重要的是针对教师教学的具体指导，包括教育目标的制定、活动的准备、活动过程的设计、教育方法、家园联系等，可谓面面俱到。

第四，幼儿园教材有显性与隐性之分。显性教材指教育教学内容来自于文本教材（出版社正式出版的教材）；隐性教材指教育教学内容由教师或幼儿园自己选择，源于幼儿、幼儿园的生活而组织的教育内容。在幼儿园教育实践中，由于园本课程的建设，隐性教材占有很大的比重[①]。

四、相关研究综述

通过大量的资料收集工作发现，目前人们对"教材"做的研究并不多，对幼儿园教材的研究更是非常少，研究的内容主要有：

（一）幼儿园教材的价值审视

张晖对幼儿教材的价值审视进行了研究分析[②]。他指出："目前，我国没有幼儿园教材编写的审定委员会，幼儿园教材的编写、发行随意性很大；也没有一个可供幼儿园一线教师选择或编写幼儿园教材的依据或评价指标。因此，对幼儿园教材进行评价是很有必要的。评价教材的切入点即价值审视，离不开现实社会特定文化背景下的文化继承、社会政治经济发展对人的要求、教育理念与课程观和人的身心发展规律。"

（二）幼儿园教材的质量分析

袁爱玲在《幼儿教育要树立教材精品意识》中指出："教材不是对知识的任意选择和组织。真正达到精品的幼儿园教材应该具有如下特性：①上下连续，左右连贯；②适合幼儿的兴趣、能力和学习特点；③多样化的学习经验；④各种能力和经验的全面和谐培养；⑤活动设计使幼儿进行开放性学习，不做不必要的限制；⑥提供实用的知识和技能；⑦活动设计体现幼儿学习的自主性；⑧提供应用创造力的活动；⑨激发幼儿之间相互作用；⑩形成正确的价值观；⑪提供的知识和技能对幼儿的发展有激发作用；⑫提供各科整合的学习经验；⑬培养幼儿的沟通交往技能；⑭充分运用各种自然和社会资源。"此外她还指出："教材编写班子应由课程研究专家、儿童心理和教育专家、各学科专家以及较高水平的幼儿教师等领域的人构成。而事实上，各地的教材编写组并不是这样组成的，这是导致精品教材少、低劣教材多的直接原因。此外，还与教材编写程序的不完善也有关。正确的程序应该是：计划或准备—要求评估—

---

① 张晖. 浅论对幼儿园教材的价值审视［J］. 学前教育研究，2006（4）：21.
② 张晖. 浅论对幼儿园教材的价值审视［J］. 学前教育研究，2006（4）：21.

编写—试用—评价—修正—推广。现实中，教材的出炉只经过了前三个程序，并没有经过精雕细刻，因此就难以成为精品。"

袁爱玲（2006华南师范大学教育科学学院学前多元智能课程研究课题组）对使用较为广泛的多元智能幼儿教材的质量进行了分析。研究发现，幼儿教材质量主要存在以下问题：①无论整套教材的结构还是单从内容的选择来看，其结构化程度相对较高。从大主题到小活动，无论内容还是目标都有非常具体的参考，留给教育者思考和发挥的空间很少。②各智能领域的整合不平衡，有的领域内容很多，有的却很少。而且存在着为了整合多元智能而整合的现象，把某些领域生拉硬套扯进来。③内容取材主要来源于城市幼儿的生活经验，很少涉及考虑到农村幼儿的生活经验。

（三）幼儿园教材的功能分析

鲁洁在《教材应该是能够与幼儿对话的文本》[①]中指出，教材是一个与幼儿对话的文本，是与幼儿朝夕相伴的伙伴。教材应该关注幼儿的声音、幼儿的想法、幼儿的表达、幼儿的认知特点，应该注意与幼儿的对话和交流。教材要关注儿童文化，而不仅仅是人类法定的文化。

（四）国内对教材建设和教学模式（途径、方法及评价等）的研究

关于学前儿童英语教育教材的建设方面，目前市场流通的教材有《幼儿英语》《儿童英语》《现代幼儿英语》《快乐儿童英语》《幼儿园活动指导英语》《洪恩英语》《幼儿园英语主题教育活动》《剑桥少儿英语》《阶梯英语》《迪斯尼神奇英语》《马宏英语》《新概念英语》《维克多英语》《浸入式英语》《仰R英语教材》等，每一种教材似乎都有自己一定的理论支撑和与之相应的教法。2005年外研社召开全国幼儿园英语暨双语教育论坛会议，成立了幼儿英语学术研究和幼儿英语师资培训为一体的儿童出版事业部。

（五）其他研究

中央教科所、北京师范大学和全国妇联妇女研究所对教材影响性别观念的

---

① 鲁洁. 教材应该是能够与幼儿对话的文本［J］. 河南教育，2004（6）：1.

因素分析进行了研究[①]。研究发现，幼儿教材中存在着性别刻板印象和性别偏见现象。

在我国中小学，必须采用由国家精选出来的教材编写专家创编的教材，这样的教材质量是有保证的。但处于非义务教育阶段的幼儿教育，虽说是基础教育缺一不可的组成部分，也有国家统编的教材，但由于没有硬性规定，造成了不少低劣的教材泛滥，直接影响着孩子的健康成长。

从文献检索的情况看，以往的研究对象多以中小学教材为主，主要集中在对教材管理和教材价值的分析上，基本上都是采用文献分析的方法进行研究，以幼儿园教材的使用作为研究对象的研究甚少。因此，本研究试图通过调查，在深入了解目前东莞市幼儿园教材选用现状的基础上，通过访谈和深入观察幼儿园教师在教学过程中对教材使用的有关情况，从而了解幼儿园教材的使用现状，并借鉴中小学教材有关的研究理论成果，以探究现行幼儿园教材的选用和使用等相关问题，为幼儿园教材的使用提供一些依据和启示，同时为教材的编写、选用和提高教材的使用质量提供一定的参考。

第二章　研究的视角

一、教材选用制度的参照

自从"赫尔巴特教育学"理论出现后，教育学界普遍认为教材与教师、学生三者一起，构成了教育过程中的三个核心要素。由此足以使我们获得这样的认识：教材在教育过程中的地位和作用是极其重要的。教材不仅是人类文化知识的载体，而且是国家意识形态和教育理念的集中体现，所以怎样选用教材关系重大。

（一）国内幼儿园教材选用概况

随着我国幼儿园课程改革的不断深入，教材作为课程的体现物也日益重要。进入二十一世纪以来，由于市场化的幼儿教育开始被市场认可，教材的使

---

① 史静寰. 教材与教学：影响学生性别观念及行为的重要媒介［J］. 妇女研究论丛.
2002（2）：33.

用也发生了很大变化，尤其是民办幼儿园的出现，教材已不再被某一教材一统天下，各种版本的教材随机进入幼儿园，逐渐形成了幼儿园教材多样化的格局。目前，幼儿园教材呈现出繁杂且多样化但又参差不齐的状况，无论是园长还是教师都面临着推销员不断上门推销和大量宣传他们教材的情形，孰优孰劣难以选择，无所适从，表现更多的是随意性和盲目跟风。由于幼儿教育的特殊性，一直以来国家对幼儿园教材的选用未做统一的规定，也未出版发行全国统一的、教育部指定的幼儿园教材，只有指导性的教材和使用意见。而目前，我国没有幼儿园教材编写的审定委员会，幼儿园教材的编写、发行和使用随意性很大，也没有一个可供幼儿园一线教师选择或编写幼儿园教材的依据或评价指标，更没有对幼儿园教材的选用或使用进行相关理论与实践的研究。

（二）国内外中小学教材选用制度

1. 世界各国中小学教材选用制度

世界各国中小学教材选用制度可以划分为两大类：单一制和混合制。单一制又分为5种类型：国定制、审定制、认定制、选定制、自由制。许多国家采用单一制中的一种，如韩国采用国定制；德国、日本采用审定制；法国采用认定制；英国采用选定制。也有的国家同时采用两种或多种制度，属于混合制，如美国等。以美国、法国、德国、日本和韩国为例，其中小学教材选用制度采用自由、开放的政策，但教材的编写是在严格按照国家课程大纲的总体要求前提下由民间完成的。教材选用采用自由竞争的形式，完全纳入市场经济的轨道，优胜劣汰，实现了真正意义上的"一纲多本"。主要表现为：①教材版本众多，使用者自由选择。这不仅增加了使用者的选择余地，而且有利于学校根据自己的办学条件、师资水平、幼儿需求等情况，选择师生满意的教材。这在很大程度上促进了教育教学工作。②教师具有教材选择权。在学校，教师和幼儿是教材的直接使用者。很多国家（如法国、美国）在教材选择的过程中，教师和家长有着不同程度的发言权，特别是教师，往往能起到决定性的作用。这在很大程度上提高了教师的地位。③学校自行选择和区域性统一选择并存，二者各有各的优势。实行区域性统一选择有利于地区进行统一的教学指导，保证最低的学习标准；实行学校自行选择教材，有利于充分体现教师的教学自由，保证教学有较强的针对性。

2. 国内中小学教材选用机制

我国教材的选用制度与教材的审定制度是配套设立的。我国长期实行的是教材统编通用制，即在国家统一要求、统一审定的前提下，供各地区、各学校使用。而世界大多数国家则采用教材的选定制，即由地区或学校掌握教材的选用权。1986年，我国中小学教材管理制度进行了调整，实行教材编审分离，采用了审定制，扩大了地方和学校的选用权。明文规定经全国中小学教材审定委员会审定的全国通用教材，被列入教育部批准推荐的中小学教材及教师用书目录；经地方中小学教材审查机构审查的教材，则列入地方教育行政部门批准推荐的中小学教材目录，供学校选用。还规定市县级教育行政部门对学校选择教材予以指导。教材的推荐介绍由教材编写委员会、出版单位与教育行政部门共同承担。可见，1986年是我国教材制度发展的一个分水岭：教材使用由指定制逐步向选用制过渡。

针对我国传统中小学课程与教材中的种种弊端，《纲要》中提出要完善基础教育教材管理制度，实现教材的高质量与多样化。即实行国家基本要求指导下的教材多样化政策，鼓励有关机构、出版部门等依据国家课程标准组织编写中小学教材，加强对教材使用的管理，教育行政部门也要定期向学校和社会公布经审查通过的中小学教材目录，并逐步建立教材评价制度和在教育行政部门及专家指导下的教材选用制度。随着"新课程"的不断深入，教材编写的多样化有了很大的发展，出现了一些有特色、适合不同地区教育实际的优秀教材，这些教材在通过了国家审查后，可供各个实验区选用。为了选到适合本地区教育教学实际的教材，各地按照教育部的有关通知要求，建立了中小学教材选用委员会，并希望逐步建立起"规范有序、公正透明、民主科学"的教材选用机制。教材选用委员会是地区或学校为选用教材而成立的一个临时性组织，由教育教学专家、教学一线的优秀教师、校长、家长代表以及教育行政部门的代表组成。各部分成员要有一定的比例，总的原则是专家、教师和家长代表所占的比例要大一些，教育行政部门的代表人数不能超过委员会总人数的四分之一。委员的名单要在民主的基础上经公示产生，在公示期间，名单可以根据不同的反馈意见加以调整。教材选用委员会的工作一般分为两步：

第一步是了解教材，形成意见。①直接了解教材。各省或各地市教育部门确定教材展示日期，选用委员会届时集中阅读各种教材，听取出版社的介绍，对教材有初步的了解。②了解专家评议组对教材的评价。选用委员会在选用教材之前，要仔细听取专家评价意见。③走访周围教师，听取一线教师对教材的意见，最后得出自己的结论。

第二步是会议表决，一般采用集中办公、封闭进行的形式。选用委员会在听取各方意见、形成初步判断后，开始表决。表决时各学科主发言人发言，全体评议，最后表决。

国内外中小学教材选用情况的研究，为我们幼儿园教材选用提供了有益的借鉴。

二、教师的教材本质观

前人关于教材的界定，为我们讨论教材的本质提供了基础。各种各样教材概念的具体表述以及教材本质观的发展过程，可以给予探讨教材的本质有益的启示。教材本质是教材理论研究的一个基本问题。所谓教材的本质，就是存在于教材这一事物本身，使其既可成为其自身又可与其他事物相区别的内在规定性。人们对这一问题的看法存在许多分歧，因而形成了诸多不尽相同的教材本质观。学者曾天山教授对教材的本质特性进行了分析，将教材的本质归纳为以下几点[①]：①教材是一种综合社会实践的产物，是为一定的教学目标服务的，是一定教学目标下知识结构的具体化。换言之，教材是连接学科内容和教学认识活动形式的联合体。②教材是以整体的科学知识系统的形式而存在的。③教材体系是人工设计创作的系统，而不是人类经验本身。④教材系统是一个发展着的、相对稳定的系统。

纵观我国的教育发展史，教材的使用者存在两种截然不同的教材本质观。

（一）知识本位——传统的教材本质观

在中国，知识本位的教材本质观可以认为是自古以来直至20世纪末以前的主导性观念。学者杨启亮教授提出的知识观的教材观认为："视教材本身呈现的知识为目的，教学即以教材所负载的知识和技能的传授与掌握为宗旨，它也重视智慧的或发展的功能，但终究是把这种功能视为知识的从属和附庸"[②]。

---

① 曾天山. 教材论［M］. 南昌：江西教育出版社，1997：52.

② 杨启亮. 教材的功能：一种超越知识观的解释［J］. 课程·教材·教法，2002（12）：10.

对教材是什么的回答取决于不同的教育观念。传统的教育观念是以知识传授为中心，认为幼儿的学习即是接受外在的知识，教学就是知识内容由教师到幼儿的单向传输过程，教学的效果表现为知识的获取和积累。从这种观念出发，教材应该是汇集了人类知识精华的著作，具备学术性、权威性和本源性，是相应学科的学术论著、权威的教学资源和教学的基本依据。我国长久以来把教科书称为"课本"，其意思是以特定的程式进行、需要评价稽核的学校功课的根源或学校教学过程的根源。英国人传统上把Textbook一词诠注为"对科学或学术的任何分支的阐述文稿"和"被确认为权威的著作"。把教科书看作权威的科学或学术著作，就是以知识传授为中心的教材观。

从这种观念出发，教材在教学中的地位当然是至高无上的，它是教学的出发点和内容，是教师必须信守的教学依据。

（二）现代的教材本质观

现今的基础教育课程改革中，"教材是课程的主要载体，是师生教与学的依据和主要资源，是一种学习基本的范例"。这种准确的定位打破了以往教材即课程、教材即幼儿要学习的知识，以及学教材、教教材、考教材等以教材为中心的观念和行为，赋予了教材新的内涵、外延和发展空间[1]。现代心理学的研究结果表明，幼儿的学习不是简单的接受，而是一种基于原有思维框架基础上有意义的重构（Ausubel，1978），教学过程不应该只是一种从教材到教师再到幼儿的单向传递过程，而应该是幼儿、教师、教材以及环境之间的多向互动和探究的过程（Biggs&Telfer，1993）。因此，过去以学科的框架为教材框架，强调教材的学术性、权威性和本源性的做法受到了挑战。

《纲要》明确指出："教材改革应有利于引导学生利用已有的知识与经验，主动探索知识的发生与发展，同时也应有利于教师创造性地进行教学。教材内容的选择应符合课程标准的要求，体现学生身心发展的特点，反映社会、政治、经济、科技的发展需求；教材内容的组织应多样、生动，有利于学生探究，并提出观察、实验、操作、调查、讨论的建议。"随着新一轮基础教育课程改革不断地深入发展，我们对教材本质的认识和理解也发生了飞跃性的变

---

① 黄晓玲. 试论陶行知的教材思想及现实启示［J］. 中国教育学刊，2005（5）：27。

化。理解新课程的教材本质观，应该着重把握以下四个新课程的教材本质特性[①]：①目标领域拓宽：教材成为新课程倡导的三维课程目标的承载体。②从"教材"向"学材"转变：教材组织方式协调发展。③呈现范例性：教材的内容不再是幼儿必须完全接受的对象。④结构上的优化：教材的载体形式不再单一。

在我国新一轮课程改革的背景下，教材的概念大大丰富，教科书也终于得到了明确的定位。尽管如此，教科书不再是完成课程教学目标的纲领性的唯一文本，其作用在于示范和建议，而非命令和强制。换言之，教师在教学过程中需要处理好"预设"与"生成"的关系。"预设"是为了"生成"，教科书的预设是在具体教学情境中的动态生成。生动丰富的教材生成是凭借教师的专业判断，属于教师专业自律范畴的权利，就像医生针对病人拥有的处方权一样，教师则拥有教育的处方权。

对教材本质这一教材理论的基本问题得到明确的认识，有助于我们形成深入而又全面的教材本质观，提高教材使用的整体效果。要想使教材更加有利于幼儿的全面发展，必须使教材编写人员和广大教师树立科学的教材本质观，明确基于幼儿园课程改革的教材本质特性。这就是我们研究这一问题的初衷和现实意义。

三、教师与教材的关系

教师与教材的关系看上去很简单，但在教学中起着相当重要的作用，很多教师因为处理不好这二者之间的关系，变成了真正的"教书匠"。从教材与教师的关系角度分析，教育发展史其实就是一部教材与教师关系的发展史，整个教育发展过程基本上经历了"无教师无教材""有教师无教材""有教师有教材"三个阶段。在实践中，对教师如何选用教材一般存在三种观点："教教材""用教材教""不用教材教"。这三种不同观点反映了课程实施过程中三种不同的取向，即"忠实取向""调适取向"和"创生取向"[②]。

---

① 张怡. 基于新课程的教材本质特性探析［J］. 东北师范大学学报，2005（4）：155.
② 俞红珍. 教材选用取向与不同的教材观［J］. 教育理论与实践，2005（8）：42.

（一）创生取向：不用教材教

持"不用教材教"观点的人认为，即使最好的教材也剥夺了教师的创造性，因为那意味着教材里有"一个专家"存在，它能为教师和个别幼儿解决问题，但会导致教师产生依赖性，产生"去技能"效应。这种观点强调了课堂教学独特的情景性以及固定教材对教师自主性和创造性的束缚，预防教师被边缘化为技师的角色。"不用教材教"则完全依赖教师的专业技能，不被任何外在的东西束缚，自主开发教材，但这对教师提出了很高的要求，同时又可能导致教学的随意和放任。

"不用教材教"是"创生取向"在教材态度问题上的反映。"创生取向"的课程实施认为，课程不是既定的课程计划或产品，而是教师与幼儿联合创造的教育经验，课程实施本质上是在具体教育情景中创生新的教育经验的过程。

"不用教材教"具有强烈的理想色彩，它十分倚重教师的专业技能，求新的、具有个性的教育经验的创生过程，在实践中推行存在着实际的难度。

（二）忠实取向：教教材

"教教材"是把教材当作教学的"处方"，迷信教材，相信"专家"或"权威"已为他进行了一切教学决策。他们认为教材即学科内容，教学的目的就是让幼儿掌握系统化的学科知识，教材本身成为教学的目标和归依，这样便窄化了教学的内涵。显然，这是"圣经"式的教材观。"教教材"是把教科书奉为圭臬，是一种教书匠的态度。

"教教材"反映的是课程实施的"忠实取向"。"忠实取向"认为课程实施过程是忠实地执行课程方案的过程，它强调课程实施者应"忠实"地反映课程设计者的意图，最大限度地执行课程方案，而衡量课程实施成功与否的标准是预期方案的实现程度。

（三）调适取向：用教材教

"用教材教"的观点认为，教材是教师教学的重要资源和辅助工具，但是不应盲目地遵循它，而是依据具体教学情景对教材进行创造性地运用，并自主开发出新的教学材料。现在大多数研究者都同意这种观点，大家一致认为，统一的教材虽然不能满足教学情景多样化和教学个性化的需要，但它作为基本的课程"文件"，充当了课程变革的"代理人"。因此，教材仍然是教师实施课程便利的媒介和工具。所不同的是，教师在使用教材过程中发挥了能动性和主动性。"用教材教"是把教材视为一种重要的教学载体、教学资源，是研究者的一种态度。

"用教材教"反映的是课程实施的"调适取向"。"调适取向"认为课程实施过程是课程规划者与课程实践者之间相互适应的过程，是课程计划与具体教育情景在目标、内容、方法等方面的相互调整、改变与适应过程。

"用教材教"不仅仅是一种理念，还是一种实际操作的策略。在教材提供优质资源的同时，我们也要活用教材、积极互动，把文本引入生活实践，在生活中体会文本才能够不令其失之空泛。

如果说课程和学科专家连同出版单位编制教材是教材的"一次开发"，那么教师在课程实施过程中对教材的批判性使用则可谓"二次开发"的过程。

叶圣陶先生说："教材无非是个例子。"就幼儿园的教材而言，全国有几十套。但幼儿能力的形成、精神的构建是差不多的。用教材而不是教教材，这个命题背后的观念就是"教材就是个例子"。苏霍姆林斯基是一线教师中的佼佼者，在他的眼中从来就没有让人顶礼膜拜的教材，而只有为他所用的教材。在著作中，他大胆地提出要具备两套教学大纲，还提倡教师要鼓励幼儿超越教学大纲。从这些个人的教学策略中，不难读出他超越教材甚至超越教学大纲的勇气。

今天，我们究竟是应该相信教材还是教师，教师与教材的关系应该是"教教材"还是"用教材来教"，已经成为大家争论的话题，而这样的争论是教师教学意识的重生，是教师教学自主权的萌芽，是课堂教学从"教学境界"走向"课程境界"的起步。

四、教师的教材观

教材观是人们对教材本质及功能的认识，反映了教材使用者对待教材的态度和方式。教材观不仅涉及"教什么"，还涉及"如何教"，从根本上影响着教师的教学方式。教材观包含了两个基本问题：用不用教材和如何用教材。

教师对待教材的不同态度实际上折射了他们不同的教材观。作为新旧两种不同的教材观，"材料式"教材观和"圣经式"教材观在诸多方面都显示出迥然不同的特点。

（一）"圣经式"教材观①

"圣经式"教材观指的是教师对待教材如同西方人对待《圣经》一样虔诚，绝对服从教材的权威，甚至顶礼膜拜。这种教材观认为，教材是专家编制的课程"产品"，具有绝对的权威性，教师只有服从的义务，没有更改的权利。教材因此被赋予神秘化的色彩，具体来说有如下特点：①教材的价值在于"控制"和"规范"。它认定了教材作为"社会控制职能"和制度化教育强化的结果，规范了教师的教学内容和教学方法，使其追求教材的标准化和规范化。②它把教材看作是学科知识的浓缩和再现，认为教材是学科知识的载体，"教材即知识"，因而这是"学科中心"或"学术中心"。教材以呈现知识与技能为目的，是知识本位的，而智力、能力、情感、态度、价值观等其他方面则是知识的从属和附庸。这种教材观下的教材设计重在内容纲要和练习，而非学习过程和活动方式。教师教学以传授或灌输为导向，幼儿以记忆、掌握教材内容为目标，教与学的过程完全是结果导向的。③认定了教师运用教材自主教学的不可能性，教师必须服从教材的安排。假定了教材是学科专家精心打造的"产品"，从内容到方法都为教师和幼儿做了科学、系统的安排，教学的目的就是教师将教材中的知识有效地传递给幼儿，将"产品"介绍给幼儿。教师必须服从教材的"权威"，不可轻易更改教材，不越雷池半步，任何"超纲""超本"的行为都是不被接受的。这是一种封闭的、崇尚权威的教材观。

（二）"材料式"教材观②

将教材仅仅当成教学的一种材料和工具的观点并非始于今日。从理论上看，杜威最早抨击"教材中心"式的教学，去除教材在教学中的绝对权威，以使教学免于教材的支配。20世纪70年代，课程开发中以斯坦浩斯为代表的"过程模式"更明确反对教师与教材的分离。它兴起于80年代的后现代课程理论深入分析了"泰勒模式"以技术理性指导课程设计的局限性，以及传统教材以控制为旨趣的基本性格，认为课程是生成性的，具有某种不确定性。上述思想都将教材视为师生间进行建设性对话的"文本"和"材料"，大大促进了"材料

---

① 俞红珍. 教材选用取向与不同的教材观［J］. 教育理论与实践，2005（8）：43-44.

② 俞红珍. 教材选用取向与不同的教材观［J］. 教育理论与实践，2005（8）：43-44.

式"教材观的形成。

"材料式"教材观与"圣经式"教材观有着显著不同的特点：①教材的价值不是"控制"教学，而是为教学服务。教材不是从外部控制教学的产品，只是教师教和幼儿学的工具，为教与学提供基础性的文本材料。教师可依据自己的智慧和经验演绎教材，教学因此而呈现出创造的灵动色彩。教材成为教师和幼儿对话和交往的中介，教学不再是单向的灌输和接受过程，幼儿在学习过程中也有了自己的发言权。因此，教学过程是一个民主的、开放的过程。教材脱去了其神秘的外衣，显现了其本来的工具性面目。②它认为教材不仅负载知识和技能，更重要的是以此为手段，实现幼儿的一般发展目的。知识和技能不是幼儿掌握的最终目的，而是从属于能力、情感、态度和价值观的发展。教材内容应激活幼儿的智慧，不限于同质化的拓展，并给幼儿保留存疑、求异乃至创新的空间。教材服务于课程目标，这些目标的实现多依附于学习过程和活动的设计，而这些学习活动或任务是超越传授和掌握的。③认为教材是教学的辅助材料，教师拥有自主改造教材的权利。教材不是通过预设目标和内容而强加于教师和幼儿的外部产品，而是供他们解释、质疑、批判的开放性文本，教师不必绝对服从教材或屈服于教材的霸权。任何教材都不是尽善尽美的，教育情景也存在着种种不确定性，故教师的加工和改造就显得尤为必要。另外，这也给教师释放其创造性提供了机会，教师的个性化教学得以实现。教师使用教材教学要超越狭隘的功利性，充分发挥教材的"材料"特性：同样的材料可以服务于不同的目的，而不同的材料也可以服务于同一个目的。教材与其说是存在种种不确定性，不如说是为教师提供了创造性教学的广阔空间，因而教材的意义也是动态生成的。为了达到课程标准的要求，教师除了应用教材这一资源以外，还可以选择、增添甚至自主开发其他教学资源。这样，教材本身不再是教学的目的，而是为了达到目的而应用的辅助工具，是资源。

"材料式"教材观的确立使教师找回其专业角色，回归其专业生活的方式。教师不必把教材奉为神圣而不可更改的权威，他们凭借自己的理论和经验对教材进行富有个性的理解和演绎，进行个性化的、创造性的教学。教师被赋予了课程开发的权责，从课程的被动"消费者"变成了积极的课程开发者和实践者，改变了过去课程教材研究中被边缘化的命运。从此以后，教师可以理直气壮地发出自己的声音。教师的专业自主不仅是外界赋予的权利，也是教师教学生活的内在追求。

教材观的转变从根本上颠覆了传统教师与教材的关系，让教师从教材的束缚中解放了出来。在我国新一轮课程改革实验之际，教材问题成为教师关注最多的现实问题。在新课程实施过程中，教师会遭遇到许多百般难解的问题，教材观的转变也不是一朝一夕的事情。考虑到我国教育的传统和不同地区基础教育发展的差异，任何简单化的处理对教育改革是百害而无一利的。虽然"圣经式"的教材观不会很快淡出，但"材料式"的教材观会逐步成为教师的必然选择。"材料式"教材观的最终目的就是关注幼儿的需要，利用教材激发幼儿潜能，使教学成为基于学生经验之上的探究与生成的过程，实现"由教科书是孩子的世界到世界是孩子的教科书"的转变。

长期以来，人们一直把教材当作是唯一的课程资源。作为唯一的教学内容，教材等同于课程本身。以幼儿发展为本的课程要求教师打破教材是唯一的课程资源的认识局限，确立教材是课程资源的要素之一的观点；消除对教材的神秘感和敬畏感，在走进教材的同时也要走出教材，从被动教教材转为主动用教材，即把教材作为课程资源来使用，根据幼儿实际和地方特色创造性地使用教材和开发课程资源。《纲要》直接指出："城乡各类幼儿园都应从实际出发，因地制宜地实施素质教育，教师要根据本《纲要》，从本地、本园条件出发，结合本班幼儿的实际情况，制定切实可行的工作计划并灵活地执行。"此外，教育部在关于印发本《纲要》的通知中也明确要求："对不同地区、不同类型、不同条件的幼儿园，应分别提出不同的要求，切忌'一刀切'；各地应依据《纲要》的指导思想和基本要求，根据幼儿的实际需要，制订教育计划和组织教育活动等。因此，幼儿园教师要树立新的教材观，加强园本课程的建设和开发利用。"

第三章　东莞市幼儿园教材使用现状

一、东莞市幼儿园现状

（一）各镇街幼儿园分布情况

从统计出来的数据可以看出，我市共有32个镇街，现有589所幼儿园（包含6所市属幼儿园）。各镇街幼儿园的具体分布情况见下图。

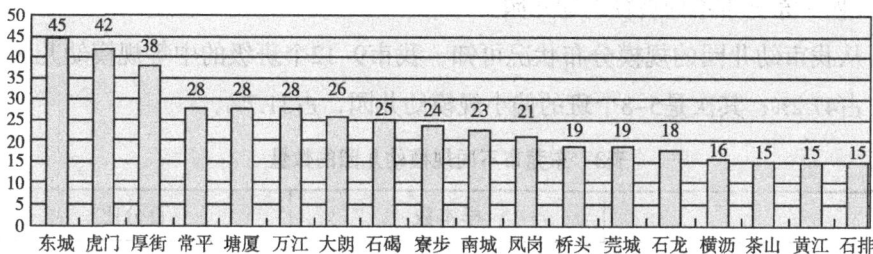

图1 东莞市各镇街幼儿园数量一览图

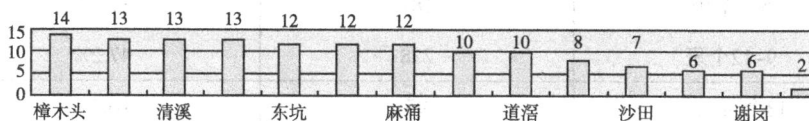

（续上图）东莞市各镇街幼儿园数量一览图

（二）东莞市不同性质的幼儿园

目前我市已形成了以公办园为示范、民办园为主体的学前教育体系。民办幼儿园426所，公办幼儿园163所，其中包括市镇办公立园30所、村集体办园133所。

表1 东莞市不同性质幼儿园数量

	样本数	百分比
公办幼儿园	163	27.7%
民办幼儿园	426	72.3%
总体	589	100%

（三）东莞市不同级别的幼儿园

从我市幼儿园的等级分布状况可知，等级幼儿园共有84所，其中省一级幼儿园10所、市一级幼儿园74所，未评级幼儿园居多。

表2 东莞市不同级别幼儿园的数量

	样本数	百分比
省一级幼儿园	10	1.7%
市一级幼儿园	74	12.6%
未评级	505	85.7%
总体	589	100%

（四）东莞市不同规模的幼儿园

从我市幼儿园的规模分布状况可知，我市9–12个班级的中等规模幼儿园最多，占47.2%；其次是5–8个班的偏小规模幼儿园，占31.7%。

表3 东莞市不同规模幼儿园的数量

	样本数	百分比
4个班以内	29	4.9%
5–8个班	187	31.7%
9–12个班	278	47.2%
13个班以上	95	16.2%
总体	589	100%

二、东莞市幼儿园教材选用的总体情况

（一）综合课程教材选用情况（涵盖五大领域教育内容）

1. 以国内比较有权威的综合课程教材为主

由下图可以看出，59%的幼儿园使用周兢、张杏如主编的《幼儿园活动整合课程》（南京师范大学出版社），20%的幼儿园使用欧用生、许卓娅主编的《幼儿园多元能力探索课程》（江苏教育出版社），5%的幼儿园使用周兢、陈娟娟主编的《幼儿园活动整合课程指导》（南京师范大学出版社），2%的幼儿园使用虞永平主编的《幼儿园活动整合课程》（南京师范大学出版社），余下14%的幼儿园则使用其他9种幼儿园教材，如《幼儿园渗透领域课程》《吉的堡统整教材》《多元智能开放课程》等。

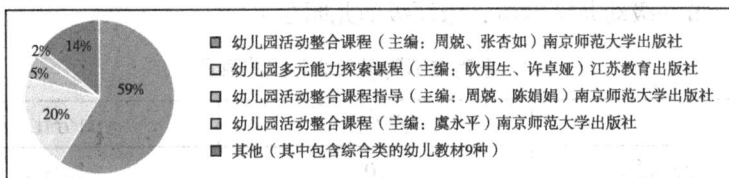

图2 幼儿园使用各种综合课程教材的比例图

2. 教材是否符合国家幼儿园教育大纲是影响教材选用的主要因素

关于综合类课程的教材选用，所有被调查的幼儿园中只有极少部分用自编教材。由于绝大多数镇街（如塘厦、东坑、横沥、万江、莞城、大朗、凤

岗、沙田、茶山、寮步、虎门、清溪、厚街、桥头、望牛墩、大岭山、道滘、黄江、石排、洪梅、樟木头等）宣传教育办在教材的订购方面做出了统一的规定，幼儿园教材的选用相对集中在南京师范大学出版社和江苏教育出版社出版的综合课程教材上。很多园长和教师都表示，他们选择的基本上是镇街宣教办推荐使用的教材，"市面上的教材虽然种类多，但不知哪种好。宣教办推荐的这两套教材也是经过镇里多次研讨后定下来的"（园长和教师访谈）。从他们使用教材的主要原因来看，大部分幼儿园对此都形成了明确而清楚的认识，即幼儿园在教材选择使用时首先考虑的是所使用的教材是否符合国家幼儿园教育大纲和幼儿发展的需要。

一个幼儿园的园长谈道："宣教办在制定相应的指引要求时组织了我们多次研讨，最后所选定的教材是由周兢、张杏如主编的《幼儿园活动整合课程》（南京师范大学出版社），当时我们大家都认为这套教材是在《纲要》指导下，由我国有权威的幼儿教育专家编写，并经过多次实验修改出版的，共涵盖了五大领域的教育内容，应该是比较符合幼儿教育大纲和幼儿发展需要的。"

（二）特色课程教材选用情况（学科教材）

1. 种类繁多，以识字、英语和计算三种知识性强的学科教材为主

（1）识字类。

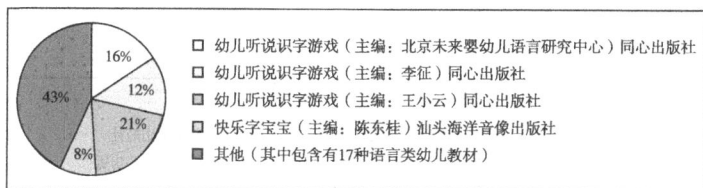

图3　各幼儿园使用各种识字类教材的比例

从此次调查数据可知，我市共有280所幼儿园正使用各种识字类幼儿园教材。由上图可以看出，16%的幼儿园使用北京未来婴幼儿语言研究中心主编的《幼儿听说识字游戏》（同心出版社），12%的幼儿园使用李征主编的《幼儿听说识字游戏》（同心出版社），21%的幼儿园使用王小云编的《幼儿听说识字游戏》（同心出版社），8%的幼儿园使用陈东桂主编的《快乐字宝宝》（汕头海洋音像出版社），43%的幼儿园使用其他17种语言类幼儿教材，其中有识字类、儿歌类、古诗类等，如《幼儿字词乐园》《分享阅读》《宝宝快乐识字》《幼儿韵语识字》《早期阅读与识字》等。

（2）英语类。

从此次调查数据可知，大多数幼儿园开展了英语教育，共有381所幼儿园使用英语类幼儿教材进行英语教学。由下图可以看出，18%的幼儿园使用潘虹主编的《现代儿童英语》（海天出版社），11%的幼儿园使用Ting Sun主编的《情景互动式幼儿英语》（齐鲁电子音像出版社），9%的幼儿园使用陈冬桂主编的《现代幼儿园英语》（广州外语音像出版社），8%的幼儿园使用Tina Ma主编的《洪恩幼儿英语》（北京妇女儿童出版社），7%的幼儿园使用孙瑞玲主编的《清华幼儿英语》（清华大学出版社），其他47%的幼儿园则使用其他的34种幼儿英语教材，如《精点幼儿英语》《托福幼儿英语》《北大英语》《幼儿新概念英语》《快乐学英语》《卓越英语》《TPR快乐英语》《现代幼儿英语》《新概念幼儿园英语》《英乐蒂英语》《美恩英语》等。

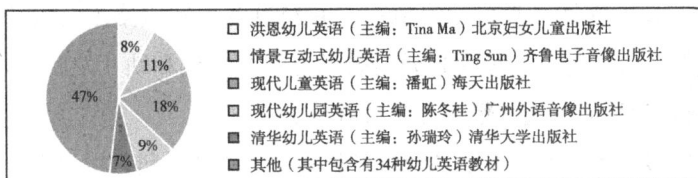

□ 洪恩幼儿英语（主编：Tina Ma）北京妇女儿童出版社
□ 情景互动式幼儿英语（主编：Ting Sun）齐鲁电子音像出版社
□ 现代儿童英语（主编：潘虹）海天出版社
□ 现代幼儿园英语（主编：陈冬桂）广州外语音像出版社
□ 清华幼儿英语（主编：孙瑞玲）清华大学出版社
□ 其他（其中包含有34种幼儿英语教材）

图4　各幼儿园使用各种英语类教材的比例

（3）计算类。

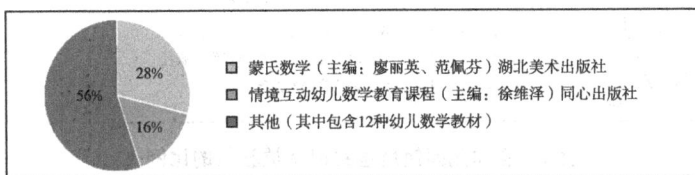

□ 蒙氏数学（主编：廖丽英、范佩芬）湖北美术出版社
□ 情境互动幼儿数学教育课程（主编：徐维泽）同心出版社
□ 其他（其中包含12种幼儿数学教材）

图5　各幼儿园使用各种计算类教材的比例

从此次调查数据可知，我市有123所幼儿园使用计算类的幼儿园教材。由图5可以看出，28%的幼儿园使用廖丽英、范佩芬主编的《蒙氏数学》（湖北美术出版社），16%的幼儿园使用徐维泽主编的《情境互动幼儿数学教育课程》（同心出版社），而使用其他12种数学类幼儿教材的幼儿园则占56%。

2. 家长要求是影响特色课程教材选用的主要因素

表4　特色教材选用的主要原因

特色课程教材使用的主要原因	教材形式多样，能引起幼儿的兴趣	内容贴近幼儿生活	家长要求	大多数幼儿园都在使用	教师辅导书清晰，可操作性强
比例	8.1%	5.2%	81.7%	3.6%	1.4%

从特色教材的选用原因来看，目前，各幼儿园选用特色教材的首要原因是家长的要求（81.7%）。幼儿园更多考虑的是家长的需要和幼儿园特色的需要，希望能使用符合家长口味的教材，以吸引家长，并形成本园的特色。所以，幼儿园在选用特色教材时都以识字、计算、英语这三类知识技能性强的学科教材为主。这些教材种类繁多，各园使用的教材种类也不尽相同。

（三）极少数幼儿园开发园本教材

表5　幼儿园自编教材

幼儿园类别	公办	民办	等级	非等级
幼儿园数量（所）	11	2	9	4

从上表可知，我市目前只有13所幼儿园形成了园本教材并在使用中，只占全市幼儿园的2%。

三、幼儿园教师使用教材的现状

（一）知识本位的传统教材本质观依然存在

从"儿童本位"出发，幼儿园教材的价值就体现在成为促进儿童发展的有效媒介。《纲要》也肯定了这种理念，指出幼儿园教育的真正意义在于"有利于儿童的长远发展"。在本次调查中，几乎所有被访谈的幼儿教师和园长都认同教材是课程的主要载体，是教学的基本范例，这说明他们是接受现代的教材本质观的。然而，在教材使用过程中，在各种的教学活动中，"知识本位的传统教材观"并非已经不存在。相反，大部分教师仍把教材视为"教科书"，教学过程仍以知识传授为中心，在实际教学中几乎完全依据教材提供的内容照本宣科。可见，目前知识本位的传统教材本质观仍然存在。因此，尽管教材的编写人员在教师用书中已强调可对教材内容进行适当调整，包括顺序或重新组合，但从访谈调查中得知，曾自行调整过教材内容的教师寥寥无几。其原因主要有：一是幼儿园的直接管理者管得过严，既定的教学大纲和教学计划一般不允许随意改动，过于强调课程的统一性和计划性；二是幼儿园师生比例不当，幼儿人数过多，这种现象在教学条件和教育质量较好的幼儿园中表现尤其突出，因此造成教师任务加重，身心疲惫，难以抽出更多的时间思考并科学地调整；三是幼儿教师薪金待遇和社会地位低下，造成教师流动性大和素质普遍较低，专业能力水平不高，无法从根本上实现调整和重组；四是相当一部分幼儿园总是跟着潮流走，不断变化着幼儿园的课程与教材，让教师无所适从。

可见，教师对教材本质的认识并没有成为支配教师自觉行为的内驱力，大部分教师都有"教材这样编我就这样教"的理念，只会教课本上的知识点，知识本位的传统教材本质观仍旧存在，导致大部分教师在使用教材时处于被动状态。在日常的教学活动中，教师总是不自觉地扮演着权威的角色，处于居高临下的地位，认为传授书本知识是课堂教学的唯一目标，教学过程仅仅是灌输书本知识的过程。这是一个极易为人忽视的重要事实。

（二）教师和教材的关系体现为"教教材"的忠实取向

就现在幼儿园的情况来看，教师在教学活动中处理指定的教材，并根据教材设计教学，最后再严格执行教学计划。教师与教材的关系更多地表现为"忠实取向"的教材态度，教师在努力地"教教材"而不是"用教材"的做法实在不少。

案例1：小班科学活动——下雪天好冷

老师："小朋友，今天的天气怎么样？"幼儿："好冷"。老师："为什么要穿上厚衣服？"幼儿："因为好冷。"然后，老师带幼儿到户外去观赏冬天的景色，和幼儿讨论冬天跟其他季节的景色有什么不同。很多幼儿都答不上来（因为在南方，季节的特征不是很明显）。老师接着拿出四季的风景图，让幼儿欣赏比较，再说说这些图片有什么不同的地方。但是很多幼儿仍答不上。老师最后就强调冬天会下雪，所以冬天时大地会呈现一片雪白色。

案例2：小班计算教育活动——马路上

老师："小朋友每天上幼儿园的时候看到马路上有什么？有哪些不同的车子？"老师和幼儿讨论看到了哪些车子、有哪些不同的地方，然后在黑板上张贴了一张汽车图卡，请幼儿观察，并提问："这些是什么车？红色的汽车多还是黄色的汽车多？"老师把车子分成两堆，然后强调红色的车子有许多辆，黄色的车子只有1辆。老师再次出示自行车图卡，自己边操作边强化，接着是卡车和摩托车图卡。老师一直不断地说和演示，最后才让幼儿拿出教学用书进行操作。

就现在的幼儿园，以及教育活动的组织，几乎是清一色的集体教学和分科分组教学，其实也就是把"大合唱"变成了"小合唱"。对于案例1，我当时曾经询问组织活动的教师："在南方，幼儿几乎没见过雪，为什么还要选择这个内容呢？"教师说："因为教材里有这个内容，我就是照着教材来上课的。"说明这位教师并没有真正理解《纲要》的精神与要求，对教材的理解仍然停留在只要"忠实地"按照教材进行教学是没有错的。案例2则表明，在计算活动中教师也是按照教材所设计的思路一句不漏地"教教材"。以上案例可以发现幼儿园教师仍然常常采用口授的方式进行直接灌输，在他们心中，能把指定教材教好便大功告成，殊不知"教好"教材不等于"用好"教材。

案例3：科学活动——动物的食物

老师首先用谈话引入活动。

老师："小朋友，你们认识哪些小动物？"

幼儿："小鸡""小鸭""小白兔""小乌龟"……

老师："小朋友真棒，认识那么多的小动物。今天老师也带来了几只小动物，我们一起来看看它们是谁好吗？"

老师首先出示小白兔的图片，让幼儿讨论小白兔吃什么。但一幼儿说："我家也有小白兔。"另一幼儿说："我家的不是白色的，是灰色的。"老师对此没说什么。只是问："小白兔吃什么？"想引导孩子答出"红萝卜"这个答案。可是孩子们此时的话题已经转移到了是白兔还是灰兔的争论上。

老师没办法，只能拿出红萝卜来，告诉孩子们小白兔爱吃红萝卜。接着老师又拿出其他几种动物图片，一一询问幼儿它们的食物是什么。

期间，孩子们经常提出与"动物食物"无关的话题。如"我家有很多小金鱼，真美。""我妈妈给我买了三只小乌龟，真好玩。""我家有只大花猫。"等等。但是，老师都没有给予什么关注和引导，始终按照教材走下去……

这个案例非常具有代表性。当时，幼儿的兴趣已经不在教师原来教材所设定的内容上了，可是教师对此置若罔闻，只是按照教材所设计的方案艰难地执行下去。事后，经过询问了解到，教师所组织的这个活动是完全照搬教材上的活动方案，教材对活动需要的教具、活动进行的程序都设计好了，所以教师认为只要照着搬用就可万事大吉了。教师是教材的主人，如果始终追随教材，不仅作茧自缚，而且还束缚了幼儿。

（三）"圣经"式教材观为主流

教材的把握与运用关键在于教师，教师既是教材的实践研究者，又是教材的执行者、评价者。教师素质的高低直接影响到教材运用的价值。作为对教材的价值、作用、评价标准和处置方式的基本看法，教材观从根本上影响着教师的教学方式。一个对教材抱有神秘主义态度的教师，不仅不敢增删教材内容，甚至完全依赖教材上的教学方法；一个持开放式教材观的教师则往往以怀疑的精神对待教材，对"教什么"和"如何教"都试图找到自己独到的见解。研究发现，许多教师在使用教材的过程中总是感到非常困惑，由于自身知识和技能的欠缺，再加之缺乏指导与培训，教师在教学过程中会感到"力不从心"，只能"照本宣科"，保留着"圣经"式的教材观。

表6　教材使用过程中面临的困难

教材使用过程中面临的困难	比例	
	公办园	民办园
缺乏知识与技能	37.4%	56.7%
管理不适应	32.3%	4.5%
缺乏资源	17%	4%
缺乏指导与培训	12.3%	30.3%
未填	1%	4.5%

表7　不同类别幼儿园教材使用的培训

培训方式和内容	比例	
	公办园	民办园
教材理念的培训	69.8%	37.4%
方法策略的培训	23.4%	5.2%
教师综合素质的培训	6.8%	3.1%
没有相关的培训	0%	54.3%

由表6可知，公办幼儿园在教材使用过程中面临的困难主要有"缺乏指导与培训"（37.4%）、"缺乏知识与技能"（32.3%）、"缺乏资源"（17%），

三项合计占（86.7%）；民办幼儿园在教材使用中面临的最大困难是"缺乏指导与培训"和"缺乏知识与技能"（57%）。可见，公办幼儿园一般都具备较完善的物质条件及来自专家等各方面的教育信息指导和培训，教师队伍相对稳定，素质也较高，因此在教材使用的过程中面临的主要困难就是如何寻找更多的资源为课程和教材服务。

由表7可知，在培训上，公办幼儿园注重理念培训的同时，也比较注重教材方法策略的培训，这说明公办幼儿园重观念的转变，也重观念向实践的转化。民办幼儿园则是缺乏教材实施必备的硬件和软件资源，半数以上（54.3%）的民办园对教材的使用没有任何培训，特别是上级部门及专家指导培训严重匮乏，教师队伍专业素质较差，而且流动性也大。

由表8可知，在教材使用的过程中，教师最渴望得到的帮助首先是"教师素质的提高"（34.3%），其次是"提供各种课例"（27.5%），两项合计占61.8%。可见，教师是教材的实践主体，教师的素质与能力水平将直接关系到教材使用的成效。

表8　教材使用中最希望得到的帮助

最希望得到的帮助	比例
教材理念的培训	10.6%
教材管理的有关培训	12.3%
提供各种课例	27.5%
教师素质的提高	34.3%
提供及时有效的信息	15.3%

调查中我们发现，大部分幼儿园教师由于自身学历较低，加之有针对性教材使用的培训与指导严重缺乏，导致他们对教材编写的理念、原则、方法、内容的选择、目标的定位等方面都有所不解，大家感到很难驾驭教材，上课难、难上课，感到茫然、困惑。在教学中，他们只能生搬硬套地照着教材所设计的教案组织教育活动，对于他们正在使用的教材理念、教学方法与策略都是糊里糊涂的。

案例4：计算活动——"6"和"7"以内数的加减法

大（2）班今天的活动内容是"6"和"7"以内数的加减法，教师给每一位幼儿发了两张点子操作卡片，一张是"6"以内数的加减法，另一张是"7"

以内数的加减法，要求幼儿根据卡片上的图示写出相应的计算式。大部分幼儿很快就完成了，有个别的幼儿连数字都写错，如把"3"写成"2"，但是也有一部分幼儿认为今天的内容太简单了，根本难不倒他们，有的幼儿都已经会15、25和50以内数的加减法了。有一位幼儿不仅会50以内数的加减法，而且还掌握了乘法口诀："一一得一、二二得四、三三得九……九九八十一。"于是他在下面做起了小老师："你知道24加19等于多少吗？我来教你，24+19=43。""你知道5乘5等于多少吗？我告诉你，是25！"……

从这个案例中我们可以看出，该班幼儿的数学计算能力是不一样的，有的幼儿连数字都写错，有的幼儿觉得"6"和"7"以内数的加减法正好适合他们的计算能力，而有的幼儿的计算能力则远远超过了教师的估计。面对发展水平如此不平衡的幼儿，教师却提供了同样的学习内容，完全按照教材提供的教材来组织活动，难道是因为场地的制约、资源的限制吗？显然不是，原因在于教师没有研究因材施教的依据——幼儿个体间发展水平的差异，没有真正吃透教材，并在此基础上结合实际有所改变或创新地进行教育。

他山之石虽好，但要能攻下此地的玉才行。鲁迅先生说要"拿来主义"，就是任何外来的东西都要符合自己的需要才行。国内流行的几种教材都很好，但每一套教材都有它所承载的教育理念，有其自身的系统性、逻辑性。教师如果对每一套教材的精髓都没有吃透，那么选用的每一个教育活动都可能出现表面新奇、热闹，而没有挖掘教育的真正价值。

在访谈中，教师们都表示想参加培训，获得直接的教学方面的指导，想看一个好的教育案例或亲自与教材编写者进行交流指导，以及获得多方面的学习机会等。

"《纲要》颁发后，我虽然用心地阅读了几遍，但是面对着多样和多变的教材，我开始感到自己没法完成教学任务了。"（教师）

"我镇教办给我们指定教材，应该是好事，一方面方便了上级对我们工作的检查，另一方面也方便了我们对老师工作的检查。只是对于现在所选用的教材，不要说老师，说实话我自己心里也没底。因为现在的教材对老师知识与能力的要求高了，但是我们幼儿园老师流动性大，大部分是中专以下学历，甚至有些只是在学校读了不到一年的专业课，要想他们对现在的教材进行创造或改编是没有可能的，他们能够照着来上课已经是很不错了。"（园长）

"我参加了镇教办与出版社联合举办的一期教材使用课程培训，开始对教材有点认识了。但真正地用起教材来真不容易，特别是不知道如何突破教材，寻找更多的资源。"（教师）

从访谈材料中可以看出，在各种新教材面前，不少教师强烈地感到了自身知识和技能的不足，强烈地感到了不适应。教师知识、技能的限制已成为教师有效使用教材的最大障碍，也是形成"圣经"式教材观的直接原因。

第四章　分析与思考

一、从根本上而言，东莞市幼儿园教材使用的整体状况是健康的、积极向上的

问卷调查和访谈的研究结果表明：尽管目前幼儿园的教材空前繁荣，种类繁多。不过东莞市幼儿园教材选用相对规范，教师对教材的理解和教材观念有了一定的转变，绝大多数教师都比较认同和接受教材所体现的课程新理念，也十分支持使用有一定权威的教材，同时他们也希望幼儿园能创设一个促进教材使用实效的良好氛围。从根本上而言，东莞市幼儿园教材使用的整体状况是健康的、积极向上的，这也是我们深感欣慰的一点。它主要表现在以下方面：

（一）整体来说，综合课程教材的选用基本以国内较权威的教材为主

虽然现在市面上幼儿园的教材种类繁多，时兴的教材也很多，但是大部分镇街教办在综合课程教材上制定了相关的指引，大部分幼儿园也能够按照教办的指引进行教材的选定。所以，目前我市各级各类幼儿园所使用的综合课程教材比较集中，主要集中在国内权威的周兢、张杏如主编的《幼儿园活动整合课程》（南京师范大学出版社）和欧用生、许卓娅主编的《幼儿园多元能力探索课程》（江苏教育出版社）等教材上。

（二）幼儿园已经意识到教师素质提高和教材使用培训对提高教材使用实效的重要性、必要性和迫切性

虽然教材的选择都是园长或其他行政部门有所指引，但是最终的使用者还是教师。教师的素质以及对教材理念、方法与策略等方面的理解与掌握程度会直接影响着其对教材的使用效果，最后直接影响幼儿的身心发展。调查发现，无论是园长还是教师，他们在教材使用中都有许多不解，需要得到专家的指导，尤其希望能够通过培训直接提高在教学中使用与驾驭教材的能力。这一方面有利于提高教材使用的实效，另一方面更利于孩子的成长。目前，我市没有举行过有针对性的教材使用培训，但是小部分镇街教办已通过各种途径举行了一些相关的培训。各幼儿园更是根据幼儿园的实际情况，在本园开展了一些关于教材使用的学习与培训，这些培训或多或少能给教师在使用教材的过程中提供一些启发。下面是对两位园长的访谈：

镇街中心园的园长：我们镇的教办非常重视幼儿园教材的使用工作，专门研讨制定了相应的选订指引，并邀请了有关专家来为全镇的园长和老师进行培训（理念为主），在培训后，我们对教材的确有了更进一步的了解。我们幼儿园的老师在使用过程中也有所得益。

民办园的园长：我们民办幼儿园面对的是生源的竞争和家长的要求与满意度，所以我们在选用教材和使用教材时，就一定要做到有效，能促进孩子的发展，这样家长就满意了。另一方面，我们民办园的师资水平相对较低，流动性大，老师年轻，以应届毕业生居多，所以对她们进行教材使用方面的培训更加重要。我们幼儿园针对自己幼儿园的实际情况，由我来组织开展了一些教材使用方面的学习活动。

二、困难与障碍

我们在比较全面、客观准确地了解了东莞市幼儿园教材使用的总体现状后，明确而又深刻地感受到，目前东莞市幼儿园教材使用相对规范，教师对新的教育观念有所认识，幼儿园也意识到教师的素质和教材使用培训的重要性与迫切性，在很大程度上有效地推动了各个幼儿园园内日常教学活动的开展，对提高保教质量和促进教师专业化的发展起到了积极的作用。这也是我们深感欣慰的一点。但是，在深感欣慰的同时仍感遗憾的是，目前我市在幼儿园教材的使用中还存在着诸多有待解决的问题，概括起来主要表现为以下两个方面：

（一）缺乏有效地管理是导致教材选用困难的重要原因

在幼儿园综合性教材的选用上，大部分镇街教办制定相关指引的做法并不能为每所幼儿园选定适用的教材。世界上没有最好的教材，只有最适合的教材。在幼儿园的课程改革中，幼儿园教材从统一性和标准化走向了自主性和多元化，没有一种教材能够完全适合各类幼儿园。因此，尽管目前我市大部分镇街教办对幼儿园的综合性教材的征订制定了相关的指引，但是制约教材使用的因素还有很多，如幼儿园师资、建园时间长短、教师水平素质、幼儿园级别等，幼儿园按照不同的级别、层次所使用的教材也不一样。可见，这种指引的做法并不能为每所幼儿园选定适用的教材。调查发现，目前我市幼儿园使用的教材繁杂，全国各地的教材都有。我们通过对市场的进一步了解，更加证实了目前幼儿教材多样化而又参差不齐的状况，每一种教材几乎都有一定的理论支撑和几个相应的教学模式，如有的教材以单科教学为主，有的以主题教育为主，还有的以单元活动为主。有的教材只提供教师使用的版本；有的则既有教师用书，又有幼儿乃至家长用书；有的教材只安排了集中活动内容；有的教材则安排了游戏活动、延伸活动等。在此次的调查和访谈中，园长和教师们反映最多的一是他们所选用的教材中缺乏广东省本土的教育内容，其中很多内容都是来源于北方文化，与南方孩子的生活完全脱节，教师难以把握和施教；二是这些教材中个别知识点模糊、模棱两可令教师难以把握，直接影响了幼儿的认知发展。以上种种是目前幼儿园教材选用中普遍存在的问题，对这些问题的认识和解决将影响今后幼儿教育更好地发展。

在特色教材的选用上，由于缺乏指引及管理，各幼儿园以满足家长需要为主要依据选用技能性强的特色教材，更是呈现出"百家争鸣"的状况。无论是私立幼儿园还是公办幼儿园，都希望有更多生源，而使用富有特色的教材、特色教育似乎也成为是幼儿园说服家长的一种手段，如"珠心算""英语""识字"等。从深入多所幼儿园调查中发现，很多幼儿园都在开设各类特色班。如某所幼儿园开设了分享阅读班、速算班、英语班等兴趣班，而这些兴趣班的教学无非就是为强化某个方面知识或者技能的训练。另外，目前幼儿园中使用的特色教材种类繁多，缺乏权威性，所谓的特色教育更是让家长们"眼花缭乱"。

可见，由于缺乏有效地管理，尤其是缺少"规范有序、公正透明、民主科学"的幼儿园教材选用机制的指引，导致无论是幼儿园综合性教材还是特色教材的选用都相当困难。

（二）教师的观念、知识和能力是制约教材使用的最大障碍

教材使用的过程不是一个简单遵循教材设计方案去做的过程，而是一个从静态到动态的过程，其本质是一次再创造的过程。教师的教材观是教材使用和教材再创造的源泉。然而，面对常变和多样的教材，我市幼儿园教师更多的是"茫然、不知所措"。对于今天的幼儿园教师来说，他们似乎处在一个新旧观念相互冲突的阶段。一方面，他们内心里十分渴望接受符合时代精神的课程新理念；另一方面，当他们要运用这种新的观念指导自己的教育行为时，却经常面临不知道如何"操作"的困境。面对这突如其来的改变，很大一部分教师既没有具体的指导更没有充分的心理准备，她们不了解教材的最新含义，不知道哪套教材是好的、什么样的指导是规范的、什么样的方法是标准的，多变和多样的教材让她们陷入迷惑以至在教材的使用过程中茫然失措。研究表明，目前我市幼儿园教师使用教材过程中最突出的特点是以目标为导向，以教师为中心，以教材为中心，教师是教材的忠实执行者、权威的管理者、学习的主宰者。教师在使用教材过程中遇到的种种问题及障碍并非完全来自教师自身，除了教师自身的原因外，还有许多外部的原因，可以看出现状不容乐观。

长期以来，我国幼儿园教材开发的主体是教育专家，教材使用的主体教师却往往被排除于教材编写和管理之外。现在新开发出的各式教材作为"新产品"推向教师，教师作为"消费者"去"消费"这些教材。但是，教师没有发言权。因此，教材很多时候是远离教师的。在教师的心目中，教材就是一些既定的、表态的学习材料（教科书），是由专家制定的，她们只要将其执行就可以了。因此，教师对教材的认识非常肤浅，课程意识淡薄，缺少必要的知识与技能，由此形成了教材使用中"被动执行"和"严格忠实"的价值取向和行为定势，表现为教师对教材的绝对化甚至是神圣化的理解和执行。

幼儿园的课程改革为教师留有较大的发挥和创造空间，教师有了较大的自主权，但在教材的使用上，教师应从更高的层次和更宽的视野上来把握教材，并根据幼儿的需要，对教材所传递的内容进行再构思和再处理。多年来，幼儿园教师习惯了讲授别人编写的，甚至连教学材料也齐备的教科书，以不折不挠完成教材内容作为衡量教学目标是否达到的唯一标准，由此造成了教师照本宣科、千篇一律的教学局面。幼儿园教师成为教材消极、被动的忠实执行者，连对教材自主选择和重组的可能性都很少，更遑论对各种资源的开发和对园本教材的开发与研究。从调查结果可知，目前我市的589所幼儿园里，自编教材并在使用的幼儿园只有13所。在全国推行幼儿园课程改革的大潮里，我市园本课程与教材的研究与开发严重落后于我省乃至我国其他经济水平相当的城市，究其原因离不开我市幼儿园教师流动性大和素质普遍低下，经济与教育发展的速度很不相称，这也将大大地制约着我市幼儿教育质量的提高。

幼儿园间发展的不平衡同样表现为幼儿园教材使用的不平衡，这也是本次调查发现的一个主要的问题，主要表现在公民办幼儿园在发展上存在的不平衡和教材使用培训上的不平衡。从调查结果看，在教材使用的培训上，全市过半数的民办园没有进行过相关教材使用的培训，而公办幼儿园无论是从对教材使用培训的重视程度、投入程度和培训方式及内容来看相对民办园更占有优势。造成这种现象的原因有很多，其中最主要的原因是公办幼儿园由政府拨款，而民办园不投入任何培训经费，完全由幼儿园及（或）教师承担。有的民办幼儿园因为承担不了这些费用或是怕教师培训后流失，就会把培训经费转嫁给教师或索性不参加、不举办任何培训。另外，在培训上，行政部门也更倾向于公办幼儿园，大部分培训机会都给予了公办园的教师，能参与培训的民办园教师很少。公办幼儿园间的发展不平衡，导致了教材使用上的不平衡。我市目前幼儿教育体系以民办幼儿园为主体，民办幼儿园的数量达到426所，占72%。我市民办幼儿园的教师由于社会地位和待遇不高，一方面数量短缺、流动性大，另一方面学历普遍低下，许多毕业于非正规的幼儿师范学校，更加需要有针对性的教材使用培训和指导。然而，我市对教材使用一直没有指引，在行政和教研上也缺乏专人指导。虽然个别镇区也邀请出版商来进行教材使用培训，但培训方式单一，都是停留于一场讲座宣传教材的先进理念，教师只是一听而过，难以体验及领会其中的实质。另外，幼儿园教师更多需要的是实例和深入的培训与指导。因此，如果教师培训的问题长期存在，将严重影响到幼儿园教材的使用效果，更影响着孩子的健康成长，阻碍东莞市幼儿教育质量的提高。

三、建 议

对于目前东莞市幼儿园教材使用中存在的问题，因受各种因素制约，并不是短期内能解决的，如幼儿园管理体制问题和教师素质问题。我们根据研究中发现的重点和瓶颈问题，提出了以下几点建议：

（一）给教育行政部门的建议：建立健全幼儿园教材选用制度，保证优秀教材的选用

国内外中小学教材选用情况的研究为我们提供了有益的借鉴，我们也从中得到了许多重要的启示。为了保证幼儿园教材使用的健康发展，参照我国中小学教材选用机制的做法，在教育部的领导下尽快建立一套规范有序、公正公

开、科学民主的教材选用机制，进一步明晰国家、省、市、县和幼儿园在教材选用中的作用和地位，防止行政干预过多，建立以教材质量为导向的教材选用机制。通过制定法规规范教材选用中的经济因素，克服教师唯利是图的倾向，为幼儿园选用教材提供政策性和科学性的指导，使教材选用工作有章可循、有法可依。

1. 成立教材选用委员会，为教材选择工作提供有效的形式

教材选用委员会要有教育行政部门人员、教研室人员、专家、幼儿园园长、教师和家长组成，按民主程序产生，并经过公示。在公示期间，可以根据不同反馈意见加以调整，委员会中各部分成员要有一定的比例，总的原则是专家、教师和家长占的比例要大。其中要突出一线教师在选择中的主角作用，因为教师本人就是教科书的使用者，而且受过专门训练，又在长期的教学中接触过不同版本的教科书，对此最有发言权。再加上由教师来选择可以做到选用合一，充分发挥教科书的最优使用效果。

2. 严格坚持教材选用中的选优原则

选优原则就是要为各幼儿园选用优秀的幼儿园教材，关于优秀教材的标准，学者及教师的意见不一，但也有共同的认识，如教材设计必须遵循三个基本原理：一是教材的教学性；二是教材的典型性；三是教材的具体性。

日本学者认为，优秀教材必须是"具有学习价值的材料"，其基本条件是教材必须是基础性的，能够反映初步的基本概念与法则，是开发智能的基础和各门学科的基础；教材必须具有系统性，遵循各门学科及各部分教材的系统性；教材必须同幼儿的发展合拍；教材必须同社区实际相结合[①]。

美国学者认为，教材应是课程的核心，是指引教学方向和启发讨论的工具，应符合时代发展和幼儿生活的要求，还可以使幼儿加深已学内容。因此，优秀教材的标准是"严密的、准确的"，具有较好的纲要和结论、复习内容及图表，且富有吸收力，能提出观念的展望，易读并对程度不同、需求各异的幼儿有所顾忌，适应幼儿的接受能力，联系实际，启发幼儿思维，并适合课堂教学的需要。美国教师要求多样化的教材，其标准是：准确性——有关知识的用

---

① 钟启泉. 现代学科教育学论析 [M]. 陕西人民教育出版社，1993：193.

语、概念和图像必须准确无误；代表性——教材内容必须代表社会各个群体，包括那些经常被忽略或被歪曲的社会群体；全面性——教材应当有助于深入研究；本土性——反映本土观点，取材于本土文化，体现多种意识形态；平等性——有利于加强各个社会群体的力量，维持其特性，促进相互联系。

苏联学者则认为，优秀教材必须从竞赛中产生，必须适应更新教学内容和教法的要求。基本概念、规则的阐述应清楚易懂，科学性、可接受性、继承性、预见性及有趣性等应紧密结合，教材应以教学论原理为基础，保证所学材料的复现率与系统性，并能促进幼儿学习。格顺尔斯基认为，新一代优秀教材应是教材内容和叙述逻辑及表达方式的有机统一，总结了学者们的最新教学论思想和广大教师创造性探索的成果，把教材传递信息的功能与检查评价、激活幼儿独立认识活动的功能成功结合，传递材料的逻辑与概念发展的规律性相一致。巴班斯基提出优秀教材的标准，即教材内容必须具有完整性（全面反映现代科学和生产部门的成就、文化成就、社会生活方式及所有教育观点）、通俗性、科学性及实践性等。

可见，优秀教材是要求全面的教材，我们必须坚持选用优秀的、全面的教材。

3. 成立相对独立的中介性评价机构，建立公正、透明、有效、权威的教材评价公告机制

没有良好的评价机制就不能保证教材多样化的良好有序运行。目前大多数教材的评价活动都是由政府部门直接组织的，这种评价组织方式或机制已经暴露出本身的不足。一是仍然会导致政事不分，教育行政可能越来越多地陷入具体的评估事务中，妨碍政府职能的转换；二是难以推动教材评价进一步制度化、科学化。教材评价中介化的直接好处，是政府部门在根据评价结果进行教材的"区别对待"时依据的不是自身操作的评价，而是根据一定的社会性评价，可以减少主观性而更有说服力和可信性。

4. 建立使用教材质量反馈制度

对选用教材进行质量跟踪调查，及时进行信息反馈是一种有效的监督措施。质量跟踪和信息反馈的关键在于调查了解教师对所用教材质量的反映，对使用教材的评议、打分，积极获得信息反馈，听取对被用教材的评价，达到对优秀教材予以推广、淘汰低质量教材的目的。只有掌握了第一手资料，才能在

选用教材时做到心中有数，选好适用的优秀教材。

（二）给教材编写者的建议：以"材料式"的教材观引领教材的编制过程

教材编写的指导理念是教材的灵魂，教材的变化是新课标理念作用下的结果，能够反映出《纲要》的基本理念，也必然要求有相适应的教材观、教学观和学习观。材料式教材观不再把教材当作是唯一的课程资源，而是把教材作为课程资源的要素之一，鼓励教师根据幼儿实际创造性地使用教材和开发课程资源。教材应最大限度地满足教师的专业创造，满足教师的教学创新，引导而不是禁锢、规范而不是限制教师利用教材对教学进行建构和创造。无论教材编得多么出色，依然只是教师在教学过程中被加工和重新创造的对象，是教师在教学活动中需要加以利用的课程资源，这是教材编制不容忽视的问题。可见，教材编制的主要目的不是为了给教师提供"法定"文件，让教师屈从于教材的要求，而是定位于为教师的教学服务，为教师精心打造和提供可以利用的课程资源。因此，一方面教材编制者必须建立更加开放的、科学的、人性化的教材观，尊重教师对教材的能动创造性，在编制教材时注重加强教材的"留白化"，赋予教师对教材更多的选择权和支配权。教师可根据幼儿的实际情况对教材内容适当进行"筛选""添加""重组"，甚至是"改编"。这必将扭转教材编制者和教师对教材的传统认识，也将给教材设计和编制带来新的方式和方法。另一方面，材料式教材观认为幼儿是学习活动的主要媒介，教材要成为"学材"，幼儿不再是教材的被动受体，而是能够对教材进行能动实践创造的主体。然而，过去教材编制的一个基本原则是精选那些确定的、无疑的知识或理论，教材对幼儿来说成了一个权威知识发布的载体。这种只吸收确定知识的教材编制原则，在一定程度上限制了启发幼儿质疑、求异的心理取向，而这种敢于质疑、求异的心理取向正是创新精神和实践能力培养的重要内核。冲破这种传统观念的束缚，以"材料式"的教材观指导教材的编制过程，是当前幼儿园课程教材革新要解决的重要问题。

（三）给幼儿教师教育机构的建议：加大幼师教育的改革力度，着力培养能"用教材教"的教师

通过现状的考察，幼儿园教材的使用存在着诸多问题。幼儿园课程改革之所以步履艰难，"瓶颈"主要是教师的问题。面对目前教师在教材使用中所表现出的观念和行为的问题，并非全是教师自身的责任，其主要责任的承担者应当是教师教育。教师教育是对教师的培养和培训的统称。遗憾的是，从目前的现实来看，人们似乎习惯于将教师教育观念和行为的种种欠缺更多地归咎于教师本人，而很少从其他角度，尤其是幼儿教师教育这一重要角度思考问题。事实上，幼儿教师教育观念和行为中存在的种种问题与其所受的岗前与在岗培训"不足"密切相关。教师日常教育行为中的问题并不完全在于教师本人，从根源上看与当前有待改进的师资培训体系密切相关①。而我国幼儿教师教育的未来发展与两个系统的改革将息息相关：一是职前幼儿师范教育培养系统；二是教师在岗培训系统，有效地进行这两个系统的改革是教材使用的保证。

1. 改革幼儿师范教育的结构和体系

幼儿师范学校是未来幼儿教师成长的摇篮，其教育水平和教育模式直接影响幼儿教师的素质。幼儿园课程改革的立场和现代教材观同样对幼儿教师提出了更高、更具有挑战性的专业要求。第一，幼儿教师应具有通晓理论、驾驭实践的能力；第二，幼儿教师应具有自主决策的能力；第三，幼儿教师应具有研究能力；第四，幼儿教师应具有终身学习和发展的意识与能力。然而，从目前幼儿师范学校的情况来看，课程比例失调、课程结构上比较注重专业课而轻文化基础课、课程内容单一空泛，并且实习的时间短、次数少、指导教师少、流于形式等，限制了幼儿教师的视野，甚至所开设的课程与幼儿园课程改革不合拍。同时，由于高校的连年扩招，大多数成绩较好的学生都进入了高中学习，只有那些成绩相对较差者才报考幼儿师范学校，这些因素使得许多幼儿教师知识底蕴薄弱、教材观念陈旧，欠缺"用教材教"的能力，根本无法适应当前课程和教材改革的要求。因此，无论是幼儿师范学校的课程结构、内容与形式，还是生源问题都是到了要调整和改革的时候。

2. 完善幼儿教师培训体系

教师是教材的直接使用者，教材的使用效果和课程改革能否成功，教师的素质、态度、适应和提高是一个关键因素。在与幼儿教师的接触中了解到，许多教师都认为通过培训能促进自身观念与行为的转变，增强自身使用教材的信心，并有助于自身了解教材和掌握教材，更好地"用教材教"。但是在教材的

---

① 庞丽娟. 教师教育行为的改善与师资培训改革［J］. 学前教育，1997（12）.

使用中，他们也遇到了不少困难与问题，其中缺少针对性和操作性的培训是较为普遍的问题。

（1）探索多元化的培训方式，提高培训的实效。

在培训方式上改变了以往"专家报告"式一言堂的局面，提倡培训者与被培训者的平等交流与对话，通过参与式、亲验式、案例研讨、任务型教学等多种形式，把"自上而下"式的培训与"自下而上"式的培训结合起来，把培训与教师"用教材教"的实践过程紧密结合起来，努力提高教材使用的实效。

（2）培训要具有持续性，不可一蹴而就。

由于课程改革在不同阶段遇到的问题是不同的，因此培训不能一劳永逸，而是要针对教师在每一阶段实际遇到的问题和困惑持续地进行。如教材使用初期的培训一般以通识培训为主，以后的培训则更注重于加强案例教学与研讨，采取一教三研等形式，促进教师自我反思，最后真正实现"用教材教"。

（四）给教材使用者的建议：积极转变旧教材观，努力实现由"教教材"向"用教材教"的转变

1. 正确认识教材的本质，树立"材料式"的教材观

教师作为教材的实践者、引路人，只有具备与之相适应的新观念，才能准确地理解和把握教材的宗旨，领会教材的编写意图，才能使自己在教育教学的实践中做到有的放矢。现代的教材本质观认为，教材是课程的主要载体，是师生教与学的依据和主要资源，是一种学习的基本范例。因此，教材是我国幼儿园教育主要的但不是唯一的课程资源，教材是服务于教学的材料和工具。教师不应该是教材忠实的阐述者和传授者，而是要根据幼儿的需要和教学实际，灵活地、创造性地研究教的内容和方法，对教材进行有选择性地使用。现代的教材观要求教师的教学应源于教材，并高于教材，把教科书当成活动材料，而不能成为教材的奴隶。教师不再把教材看作是一成不变的东西，也不再是教材忠实的执行者，而是教材的建设者。因此，教师要积极转变旧观念，正确认识教材的重要性和教材的局限性，树立"材料式"的教材观。教材观的转变从根本上颠覆了传统教师与教材的关系，让教师从教材的束缚中解放了出来，实现了其主体生命价值的回归。然而，教材观的转变不是一朝一夕的事情，考虑到我国教育的传统和不同地区幼儿教育发展的差异，任何简单化的处理都是对教育改革有百害而无一利的。"圣经式"的教材观不会很快淡出，"材料式"的教材观会逐步成为教师的必然选择。因此，幼儿教师应该主动领悟、学习、掌握《纲要》的教育观念，积极转变旧的、不适时的传统教材观念，为实践提供行动的方向和指针。《纲要》中先进的教育理念应该成为教师必须学习、掌握的内容，这样幼儿教师才能做到在观念上和行为上与时俱进，与课程改革同发展、共进步[①]。

2. 自觉提高自身素质，在实践中努力实现"用教材教，而不是教教材"

我们在调查中发现，面对幼儿园的课程改革，由于幼儿园教师的流动性大和素质普遍较低，大部分教师受传统教学思想影响严重，习惯于运用传统教学模式，存在着思想守旧、观念落后、改革创新意识不强、有畏难情绪的现象，缺乏主动性和积极性，教学中还存在"穿新鞋走老路"的现象，影响了教材使用的实效。幼儿园教师应积极参与各级各类的培训，不断提高自身的专业水平。校本培训是近年来西方国家教师继续教育的一种重要方式，是指在教育行政部门和有关业务部门的规划与指导下，以教师任职学校为基本培训单位，以提高教师教育教学能力为主要目标，把培训与教育教学、科研活动紧密结合起来的一种继续教育形式[②]。可见，幼儿园的园本培训更利于教师的成长。一方面，幼儿园要积极开展园本教研培训，并结合本园的实际情况，通过精读教材、案例分析、团队研讨等形式，把教材具体化、形象化，再结合具体的教育教学实践开展教研培训，从实践层面提高教师使用教材的能力；另一方面，教师要充分利用园本培训的强大教育发展功能，树立终身学习的理念，主动汲取先进的教育教学思想，时刻关注教育教学的前沿动态，让工作学习化成为习惯，促进自我发展、自我超越、自我创新，让自己真正成为教材的主人，深入钻研教材、理解教材、吃透教材，并且会活用教材，对教材进行扩展和补充，以满足幼儿学习的需要，真正实现由"教教材"向"用教材教"的转变。

---

① 杨琼轩. 课改中幼儿教师角色的转变［J］. 教育评论，2004（5）.

② 教育部师范教育司编. 教师专业化的理论与实践［M］. 北京：人民教育出版社，2001：185.

结　语

本文通过对东莞市幼儿园教材的使用现状进行研究与分析，比较全面地概括了目前幼儿园教材的使用现状及存在的问题。东莞市作为我省乃至全国经济较发达的地区之一，政府部门对幼儿教育重视程度高，幼儿教育发展较快。虽然目前幼儿园教材空前繁荣、种类繁多，甚至呈现出众多出版机构争夺市场的局面。但东莞市幼儿园教材的使用相对规范，教师对新的教育观念有所认识，在很大程度上有效地推动了各个幼儿园园内日常教学活动的开展，对提高保教质量和促进教师的专业化发展起到了积极的作用。但是，东莞市在幼儿园教材的使用中还存在着诸多有待解决的问题，主要是对教材选用缺乏有效管理和幼儿教师缺乏相应的知识与技能。但存在问题并不可怕，只要下一阶段我们能够努力提高认识，建立健全幼儿园教材选用制度，保证优秀教材的选用，以"材料式"的教材观引领教材的编制过程，加大幼儿教师教育的改革力度，着力培养能"用教材教"的教师。教师积极转变旧的教材观，努力实现由"教教材"向"用教材教"的转变。

本文只是对东莞市幼儿园教材的使用现状进行了初步研究，在简要分析教材使用中存在问题（此文不对教材的质量进行分析）的基础上，提出了相应的对策。但是在理论和实践中还有许多问题需要进一步研究，尤其是需要在实践中不断完善。由于研究水平所限，加上缺乏此研究课题的资料，因此本文还存在着诸多不满意的地方，如问卷编写比较粗糙、研究深度还远远不够、对某些问题还没有论述透彻等。

诚然，目前有关"幼儿园教材"的文章和关于幼儿园教材的使用情况较为深入系统的研究都很少，这与中小学教材使用的研究形成了鲜明的对比和反差。另外，由于能力和条件的限制，本次研究的对象比较多的是幼儿园的有形资源。其实，教材是一种资源，包括有形和无形资源。从现代课程理念来看，无形资源的研究更具有意义。由此可见，幼儿园教材可研究和思考的空间依然很大。例如，幼儿园教材中无形资源的开发与利用、如何评价幼儿园教材、幼儿园教材使用的培训形式怎样才能更有效，等等。所有这些都可以作为后续研究的方向。

参考文献

［1］刘晓东.儿童教育新论［M］.南京：江苏教育出版社，1998.

［2］冯增俊.教育人类学［M］.南京：江苏教育出版社，1991.

［3］庞丽娟.文化传承与幼儿教育［M］.杭州：浙江教育出版社，2005.

［4］刘晓东.儿童精神哲学［M］.南京：南京师范大学出版社，1999.

［5］［意］马拉古兹，等.孩子的一百种语言：意大利瑞吉欧方案教学报告书［M］.张军红，译.台湾：台湾光佑文化事业股份有限公司，1998.

［6］杨丽珠.幼儿社会性发展与教育［M］.大连：辽宁师范大学出版社，2000.

［7］刘晓东.儿童文化与儿童教育［M］.北京：教育科学出版社，2006，7（1）.

［8］孙爱琴.质的研究方法与学前儿童发展研究［J］.天津市教科院学报，2004（2）.

［9］姚伟.以人的方式理解儿童［J］.学前教育研究，2003（5）.

［10］周兢，NirmalaRao.以全球性视角看文化对幼儿教育政策和实践的影响［J］.学前教育研究，2004（7）.

［11］杨宁，薛常明.论基于儿童文化特征的幼儿教育［J］.福建：福建师范大学学报，2004（5）.

［12］袁宗金.是谁蒙住了儿童的眼睛［J］.长沙：湖南师范大学教育科学学报，2005（2）.

［13］杨宁.儿童是人类之父——从进化心理学看人类个体童年期的本质［J］.华南师范大学报，2003（5）.

［14］李镇西.把童年还给童年［J］.河南教育，2000（8）.

［15］张博，张海丽.幼儿园课程中的儿童文化品性［J］.学前教育研究，2006（2）.

［16］张海丽.对幼儿教材现状的调查与分析［D］.广州：华南师范大学，2007（5）.

［17］江岚.从五省市幼儿园教材文本的故事材料看我国幼儿园课程的文化

倾向［D］.上海：华东师范大学，2007（5）.

［18］林玉蓉.幼儿英语教材的调查分析与标准［J］.教学与管理，2008（2）.

［19］袁爱玲.幼儿教育要树立教材精品意识［J］.华南师范大学学报，1998（2）.

［20］胡军.对进一步完善教材审查和管理的探讨［J］.课程·教材·教法，2003（3）.

［21］鲁洁.教材应该是能够与儿童对话的文本［J］.河南教育，2004（6）.

［22］张晖.试论对幼儿园教材的价值审视［J］.学前教育研究，2006（4）.

［23］杜彦武，王静.古今教材纵横谈［J］.当代教育科学，2005（11）.

［24］［美］杜威.民主主义与教育［M］.王承绪，译.北京：人民教育出版社，2001.

［25］钟启泉.现代课程论［M］.上海：上海教育出版社，2003.

［26］靳玉乐，宋乃庆，徐仲林.新教材将会给教师带来什么［M］.北京：北京大学出版社，2002.

［27］张廷凯.走向新的教材观［J］.人民教育，2002（4）.

［28］付宜红.创造性使用教材应注意的几个问题［J］.人民教育，2003（4）.

［29］靳玉乐，宁乃庆，徐仲林.新教材将会给教师带来什么［M］.北京：北京大学出版社，2002.

［30］王喜海.“园本课程开发”的新理念［J］.幼儿教育，2004（5）.

［31］庞丽娟.教师教育行为的改善与师资培训改革［J］.学前教育，1997（12）.

［32］杨琼轩.课改中幼儿教师角色的转变［J］.教育评论，2004（5）.

［33］曾天山.教材论［M］.南昌：江西教育出版社，1997.

［34］杨启亮.教材的功能：一种超越知识观的解释［J］.课程·教材·教法，2002（12）.

［35］黄晓玲.试论陶行知的教材思想及现实启示［J］.中国教育学刊，2005.

［36］张怡.基于新课程的教材本质特性探析［J］.东北师范大学学报，2005（4）.

［37］俞红珍.教材选用取向与不同的教材观［J］.教育理论与实践，2005（8）.

附：

东莞市幼儿园教材使用现状的调查问卷

各位园长：

您好！

为了了解东莞市幼儿园教材使用的现状，特做此问卷进行调查，请您仔细阅读后根据真实情况予以回答。您的回答没有对错之分，此调查仅供研究使用。您的合作将是我们研究的基础，我们在此表示诚挚的敬意和感谢。

非常感谢您对本次调查的配合与支持！

祝工作顺利！

2009年2月

基本情况：（请在与您所在幼儿园情况相一致的选项左边方框内打勾或写上相应的内容）

幼儿园名称：

所在镇区：

幼儿园性质：□公办幼儿园　　　　□民办幼儿园

幼儿园等级：□省一级幼儿园　　　□市一级幼儿园　　　□未评级

幼儿园规模：□4个班以内　　　　　□5～8个班　　　　　□9～12个班

　　　　　　□13个班以上

请您根据您所在幼儿园的实际情况进行填写：

1. 请您尽可能详细地将贵园现在所使用的综合课程教材的情况填入下表：

教材名称	主编	出版社	使用范围

2. 贵园选择以上的综合课程教材时，首先考虑的是（　　　）。

A. 国家幼儿教育大纲　　　　B. 本地社会经济发展需要

133

C. 幼儿园的需要　　　　　　　D. 家长需要

E. 幼儿发展需要　　　　　　　F. 其他请注明

3. 贵园所使用的综合课程教材是（　　　）。

A. 购买市场上时兴的教材　　　B. 购买适合本园状况的教材

C. 自编教材　　　　　　　　　D. 其他请注明

4. 贵园在教材使用方面主要的培训有（　　　）。

A. 教材理念的培训　　　　　　B. 方法策略的培训

C. 教师综合素质的培训　　　　D. 没有培训

E. 其他请注明

5. 贵园在教材使用过程中遇到的最大困难是（　　　）。

A. 教师教育观念或行为不适应　B. 管理不适应

C. 缺乏资源　　　　　　　　　D. 缺乏指导与培训

E. 其他请注明

6. 贵园在教材使用的过程中最希望得到的帮助是（　　　）。

A. 教材理念的培训　　　　　　B. 教材管理的培训

C. 提供各种课例　　　　　　　D. 教师素质的提高

E. 及时提供各种信息

7. 贵园正在使用的特色课程教材，请把有关信息填入下表：

教材名称	主编	是否出版	出版社	使用范围

8. 贵园选择以上这些教材的主要原因是（　　　）。

A. 教材形式丰富，能引起幼儿的兴趣

B. 内容贴近幼儿生活

C. 家长要求的

D. 大多数幼儿园都在使用

E. 教师辅导书清晰，可操作性强

9. 如果贵园有自编教材并在使用中，请把有关信息填入下表：

教材名称	主编	是否出版	出版社	使用范围

10. 贵园在编写园本教材时主要考虑（　　　）。

A. 国家幼儿教育大纲　　　　　B. 本地社会经济发展需要

C. 幼儿园的需要　　　　　　　D. 家长需要

E. 幼儿发展需要　　　　　　　F. 其他请注明

11. 贵园在使用自编教材的过程中遇到了什么困难？需要什么样的帮助？

12. 您对规范我市幼儿园教材使用的管理有什么建议？

访谈提纲（园长）

1. 贵园现在使用的综合课程教材是什么？

2. 为什么会选择以上这些教材？

3. 贵园在幼儿一天的生活中是如何使用这些教材的？

4. 您是否参加过您现在所使用教材的有关培训，时间、形式和培训内容是什么？对您最大的帮助是什么？

5. 在使用这些教材的过程中遇到过什么困难？又是如何解决这些困难的？

6. 您对我市进一步加强幼儿园教材使用的管理有什么建议？

访谈提纲（教师）

1.您对教材概念是如何理解的？

2.在教学过程中，您是如何使用教材的？

3.您是否参加过您现在所使用教材的有关培训，时间、形式和培训内容是什么？对您最大的帮助是什么？

4.在主教材使用的过程中遇到了什么困难？又是如何解决这些困难的？您最希望得到的帮助是什么？

观察提纲

1.观摩地点：幼儿园和班级名称

2.观察对象：教师和幼儿

3.观察范围：一个班

4.观察内容：

（1）集中教育活动

教师：教学内容、教学方式、活动类型、组织形式、活动过程

幼儿：兴趣、积极参与程度、与教师和同伴的互动、游戏等

（2）班级内活动室：环境创设与区角材料的投放

5.观察方式：参与幼儿园的教育教学活动，真实观察

学位论文完成后的感悟

在学位论文终于完成的那一刻，我长长地舒了口气。这篇论文凝结了我的心血，更倾注了我的导师、同事、朋友以及家人对我的呵护和支持。

我真诚地感谢我的导师蔡黎曼老师。在论文选题、研究设计、开题及论文写作等过程中，我的导师给予了我细心地点拨、细致地指导，使我最终能够完成论文的撰写。她不仅在学业上给了我精心地指导，同时在思想、生活上也给了我无微不至的关怀，她亲切典雅的人格魅力深深地感染和鼓励着我。在此，谨向我的导师致以诚挚和崇高的敬意。此外，在攻读教育硕士期间，教育科学院的各位教授在理论、实践、研究方法等方面也给予了我很多启迪，开题组及导师组专家对我的研究和论文也提出了宝贵的建议。在此，我由衷地向他们表示感谢。

我要感谢各位被访的幼儿园园长、教师，没有她们的积极配合，我的调查将难以顺利进行下去。

另外，在攻读教育硕士期间，我所在的幼儿园迎来了一次又一次的重大考验：两次领导班子的调整、园舍改建、省一级园复评、省绿色幼儿园复评等，我的同事们一如既往地支持和鼓励着我，使我能一次次地顺利过关，并能让我腾出时间和心思完成我的学业。在此，对他们表示诚挚的谢意。

最后，我还要特别感谢我的父母、兄长、先生和儿子，他们在我教育硕士学习及论文写作阶段给予了我精神上的支持和鼓励。特别是父亲在面临大病时乐观顽强的精神、母亲不辞劳苦的品德、先生的体谅与宽容，使我有勇气面对这些艰难和困境。还要感谢我的儿子黄浩尧，我对他的愧疚最多，但他也是我奋斗的动力。

除了感激，我心里更多的是愧疚，愧对一直爱护我、关心我、对我寄予期望的师长和亲友。我很想把这篇论文做得更好，可事实上由于水平有限，加之时间仓促，我觉得自己做得还是比较粗糙，恳请各位专家、老师不吝斧正。这些未能完备的地方将是我以后研究的动力和方向，我将在以后的研究和实践中不断地修正和完善自己。

广东省2015年基础教育课程改革实验项目
"融合性园本课程的实践与探索"
结项研究报告

一、研究的背景

（一）基于幼儿园课程改革的需要

幼儿教育是基础教育的重要组成部分，是我国学校教育和终身教育的奠基阶段。学前阶段所接受的教育，会对人一生的成长都有着重要的影响。课程作为实现教育目标的载体，是促进幼儿发展的重要途径。幼儿园课程的改革与发展是幼儿教育改革的核心问题之一，因此，开展幼儿园课程的研究与实践探索的重要意义不言而喻。近年来，随着人们对幼儿园课程及其影响的重视与关注，幼儿园课程的理论与实践研究也在不断深入。尤其是《幼儿园教育指导纲要（试行）》（以下简称《纲要》）颁布以来，以幼儿园作为基地进行园本课程的开发与研究成为当前幼儿园课程改革的重要途径。同时，《幼儿园工作规程》以及《纲要》也为园本课程的实践与研究提供了政策法规层面上的保障，并为园本课程的发展提供了理论层面的指导。可见，园本课程的实践与研究是我国幼儿园课程改革的必然趋势。

（二）基于幼儿自身和谐发展的需要

"国家课程、地方课程、幼儿园课程"的三级课程体制使园本课程打破了幼儿园课程大一统的局面，这意味着幼儿园会从课程决策权中分得一杯羹。但其意义并不只是赋权，也是出于对幼儿自身和谐发展的需要。国家课程、地方课程都是以特定年龄阶段的幼儿一般发展水平和规律作为依据的，具有普遍适应性。但各个地区、幼儿园的幼儿由于受多方面的因素影响，发展有所不同，具有很大的差异。如果忽视这些差异，把幼儿都视为相同的教育对象，实施相同的课程，显然不能有效地促进幼儿的发展。2001年颁布实施的《纲要》中指出："幼儿园教育应关注个别差异，促进每个幼儿富有个性的发展。"相对于国编、省编课程的普适性的特点，园本课程就更具有个性化，是从幼儿园生长起来的课程，所以更加适应各幼儿园的教师和幼儿。因此，幼儿不同的需要、个性发展的需要是园本课程的根本出发点。园本课程的立足点在于各幼儿园实际发展的现状以及幼儿现有的发展水平。因此，与国家课程以及地方课程相比能够更充分地考虑到特定幼儿园幼儿的特点与需要，更好地促进幼儿个性的健康发展。

（三）基于幼儿园可持续发展的需要

园本课程正是深入贯彻落实《纲要》和《3～6岁儿童学习与发展指南》（以下简称《指南》）精神，进一步提高办园质量的表现。《纲要》中虽然没有直接提出园本课程的概念，但是它的颁布却促使园本课程的研究和实践从"应然"状态走向"实然"状态，并为各幼儿园开发适合自己独特个性的园本课程提供了依据和保证。我国地区性差异大，尤其是我市地处珠三角地区，经济发达，外资企业居多，文化呈现多元化、融合性等特点，没有一种课程完全适合本地区的幼儿园教育的，即没有一成不变的课程，也没有完全可以照搬的课程模式。每所幼儿园都具有各自不同的教师、幼儿、家长、幼儿园发展历史、发展现状和发展目标，所在社区也都各不相同，然而这正是幼儿园独有的个性特点。从长远角度来看，开展园本课程的实践研究不仅是需要的，而且还是必要的。园本课程不仅是创建属于自己的课程模式，而且建设园本课程的过程也是落实办园思想、提高教师专业水平、推进幼儿园文化建设的过程。一个好的园本课程离不开好的办园思想的引领，同样，好的办园思想如果没有好的园本课程将理念转化到实践中，也就只能停留在认识层面上，幼儿园的可持续发展就会成为一纸空文。

《纲要》更是鲜明地体现了"以幼儿发展为本"的理念。我园作为东莞市的幼儿教育实验基地，始终把"促进幼儿全面发展"作为课程的出发点和归宿，2002年结合我市文化经济走向多元化与融合性的特点，确立了市级立项课题"融合性园本课程的探求"，探索适合我市、我园幼儿身心发展规律的教育目标、内容、途径和方法，并从课程内容注重文化多元融合的角度提出了构建"融合性园本课程"，开始从课程建构的依据、目标、内容、途径、原则、评价等方面综合考虑园本课程的建构体系。

然而,随着《纲要》的深入贯彻执行,《指南》的颁发使我们的课程研究面临着新的抉择和挑战。因此,作为省指南实验园,我园把深入研究园本课程作为切入点,全面落实《指南》精神,促进幼儿健康快乐地成长。

二、研究的定位和基本思路

(一)研究的定位

本研究的定位是全面贯彻国家教育部《纲要》和《指南》精神,立足于本园的园本基础,采取局部研究、逐个突破、整体推进的策略,扎实开展课程研究,增强课程对幼儿园、教师和幼儿的适应性,逐步修订、发展和完善具有东莞市实验幼儿园特色的园本课程体系,促进幼儿全面和谐和教师专业素质的发展。

(二)研究的基本思路

第一,该研究于2015年8月经省教育厅正式批准立项后,幼儿园首先调整组建项目研究小组,并对研究小组成员进行理论学习培训,在理顺关系的基础上建章建制。

第二,全面科学地认识园本课程的内涵和外延,认真分析当前国内有关园本课程研究的成果和开发与实施的现状,找出存在的不足与问题,确定园本课程建设与实施的基本理念。

第三,在原来实践研究的基础上,采用文献资料法和调查分析法,对我园现有的师资力量、地域教育资源等进行分析,形成《东莞市实验幼儿园园本课程方案(试行稿)》(附件1)及《东莞市实验幼儿园园本课程十三年践行路》(附件2)分析报告,作为课程的实践与探索参考。

第四,着眼全局,坚持"以幼儿发展为本"的教育理念,本着"一日活动皆课程"的思想,进行课程的整体性和系统性规划。在研究中采取局部研究、逐个突破、整体推进的策略,扎实开展课程研究,从而努力使我们对融合性园本课程的认识能够由粗浅到深刻,进而发生质的变化;我们的实践研究也从由外在形式上的融合,到理念、行为、文化的融合。

第五,有计划、有步骤地对幼儿园园本课程进行规划,对教育资源进行开发、整理、分析,实施《东莞市实验幼儿园园本课程实施方案(试行稿)》,

组织建立园本课程资源库，逐步修订、发展和完善园本课程体系。

第六，按照循序渐进的原则，运用行动研究法、经验总结法等，先以试点方式拿出实施建议，然后在全园展开，全面实施园本课程，针对实施过程中的相关方法的问题，实施策略的研究。

三、研究的过程和结果

（一）对"融合性园本课程"的重新思考与理解

1. 对"融合性园本课程"的思考

我市位于珠三角地区，自2000年以来，经济发展迅速，外资企业越来越多，文化开始呈现多元化、融合性等特点，我园幼儿和家长从过去以本地人为主变为来自全国各地。因此，在全面贯彻《纲要》精神的背景下，2005年，我园基于我市经济及文化走向多元融合的特点考虑，提出了"融合性园本课程"，旨在体现课程内容中多元文化的融合。课程是一个不断建构的过程，随着课程的不断深入与实践，《指南》的颁发让我们以更加开放的视野，将多元文化、优势教育资源不断融入课程的建设中，逐步建立起适合本园幼儿的课程。因此，本着既传承又发展的观点，我们再次对"融合性园本课程"进行了全面思考：以"适合孩子的才是最好的"为课程的价值取向；以促进幼儿个性化发展与全面发展相融合为核心；以为幼儿终身发展奠定良好基础作为课程目标；以"选择贴近幼儿生活经验，满足幼儿不同需要，融合传统与现代等多元文化"为课程内容；将基础性课程、特色课程、小主人活动课程相融合作为课程的结构；以"平等、信任、支持、合作、互动"为课程实施的原则；以"凸现以活动、体验为特点的多元组织形式的融合"作为课程实施的形式；以"以发展为导向的多元评价融合"为课程的评价，从课程的依据、理念、目标、内容、途径、原则、评价等方面，不断修订、发展和完善园本课程的整体框架。

2. 对"融合性园本课程"的理解

（1）目标的融合性：促进幼儿个性化发展与全面发展相融合。

既关注幼儿的个别差异，促进每个幼儿富有个性的发展；又注重幼儿身心全面和谐的发展，使幼儿在认知、情感、意志和身体等各方面的发展相互支持、相互增强、相互协调，为幼儿终身发展奠定必要的基础。

（2）内容的融合性：传统与现代文化融合。

根据幼儿与周围环境相互作用过程中直接、整体的体验，将传统文化、世界文化与现代文化等多元文化融合于幼儿一日生活中，并以幼儿参与的多种活动为核心，设计组织课程的具体内容，注重不同活动之间的相互作用与渗透，增强课程与生活的联系，发挥整体效应，关注动态生成。

（3）实施的融合性：凸现以活动、体验为特点的多元组织形式的融合。

强调活动性和体验性的统一，注重活动的教育价值和过程体验，优化教与学的方式；强调计划性与灵活性的统一，实现将幼儿自发生成的活动融入预定的活动中；主题探究活动、区域活动、游戏活动、集体教学、小主人活动等多种形式相结合，并应用于幼儿的一日生活中，从而使幼儿的学习和生活呈现在多角度、多层面、多变化、多姿彩的时空里。

（4）评价的融合性：以发展为导向的多元评价融合。

多元化评价的核心就是要促进幼儿的发展。牢固树立评价是为了促进幼儿的全面、和谐、可持续与差异性的价值观发展，致力于改变"为评价而评价"的现状。以《纲要》和《指南》为依据，以发展（即幼儿和教师的发展）为中心，充分发挥课程评价的反馈调节功能，逐步形成通过评价促进发展的有效机制，着重探索过程性评价和个别性评价，突出质性评价的优势，建立起以教师自评为主、多方参与的评价制度。

（二）编制《东莞市实验幼儿园园本课程实施方案（修订版）》（附件3）

（1）成立园本课程管理编制小组。

园本课程的开发与实施对幼儿园来说是一项巨大的工程，为了使研究工作科学、有序、高效地进行，制订翔实的实施方案是重要前提。同时，必须建立一个互动的教育反馈系统，对课程实施管理和调控。幼儿园成立课程管理领导小组，由园长、级长、阶梯（课题）组长、骨干教师等人员组成，园长任组长，主要负责幼儿园课程方案的制订、实施、反馈、调整、评价等。领导小组下设课程研究组，由园长、级长、阶梯（课题）组长等人员组成，园长任组长，主要负责课程实施的研究、课程内容的拓展、教师培训等。各教研组在课程研究组的指导下组建幼儿园课程实施中心组，由各级级长任组长，阶梯（课题）组长与骨干教师为组员，每两周开展一次以上参与式研讨、教材培训与集体备课活动，进行班级情况交流、课程活动案例分析、观察方法与记录的研究

等，以保证课程教材全面、深入地实施。另外，幼儿园将课程权下移给班级管理，使课程管理更具开放性。（见图1）

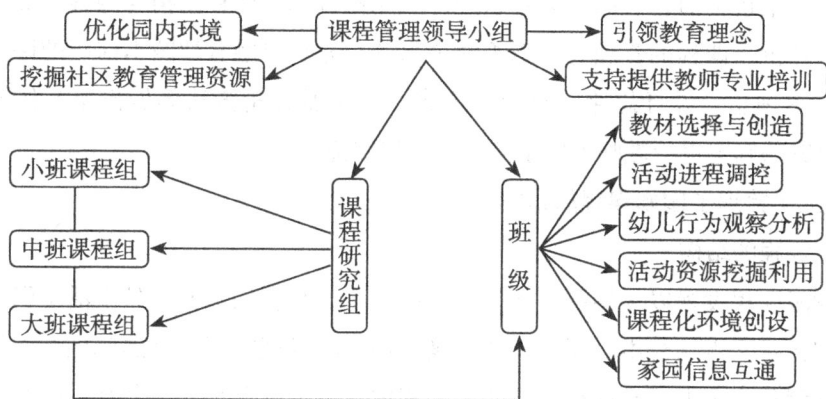

图1 课程管理编制小组

（2）编制课程方案。

我园创建于1998年10月，是省市的幼儿教育实验示范基地。自开园伊始，我园始终坚持扎实学习和实践"以幼儿发展为本"的理念，探索园本化课程，积累了丰富的实践经验，也得到了家长、社会和同行的认可。自《纲要》颁布实施以来，我园在课程改革中进行了多方面的研究和探讨。通过"学习—实践—再学习—再实践"的过程，对《纲要》有了全新的认识，在思想上形成了牢固的根基，行动上有了明确的指南。我们认为，要贯彻落实《纲要》精神，更重要的体现应是在孩子身上，而孩子的成长和发展又必须落实在一日活动之中。

课程实施方案是幼儿园课程实施与管理的基本依据，是幼儿园课程实施中的操作蓝图。幼儿园课程应该是整体的，在贯彻《指南》的过程中，为了使幼儿园课程凸显整体价值，我们对先前的课程经验与成果进行了梳理，对先前拟定的《东莞市实验幼儿园融合性园本课程实施方案（试行稿）》（附件1）进行了修订，对课程各方面进行了系统思考与架构。因此，我们进行了全面规划，即对幼儿园全部课程和活动进行了整体系统的定位与设计。既包括主体活动如生活、健康、游戏等五大领域学习的设计，也包括对幼儿园特色活动课程的提炼，最终将各类课程与活动，从目标、内容的实施到评价进行有机地整合，系统地融入课程方案之中。2017年9月，我们编制了课程实施的课程文本《东莞市实验幼儿园园本课程实施方案（2017年9月修订版）》（附件3），是幼儿园园本课程开发与实施的总体性设计，是园本课程开发与实施的纲领性文件。这个课程方案包括前言、课题的背景分析、课程目标、课程结构与内容、课程的实施与评价、课程的管理与保障等六个部分，分别对融合性园本课程的课程背景、基本理念、设计思路、目标、内容、教学及评价方法等做出了具体的阐述。方案的制定也给教师提供了翔实的课程实施指南。

（三）梳理了园本课程的结构

1. 课程的结构

我园课程设置以《纲要》《指南》以及《广东省幼儿园一日生活指引》为基础和指导，再结合本园课程特色和满足幼儿的发展需要，创建基础性课程、特色课程与小主人活动课程相结合的课程体系，加强课程的启蒙性、整合性和开放性，以适应不同年龄层次、不同发展水平幼儿的需要。

（1）基础课程。

根据幼儿园的课程目标，我园设置了生活、运动、学习、游戏四类活动。它们是一日活动中最基本的活动形态，强调了每一种活动综合教育的作用，以及活动之间的互动与渗透，关注幼儿自身的兴趣、需要，使幼儿真正成为活动的主体，让每一个幼儿健康成长。教师在基础性课程的实施中，关注幼儿的生活和经验，关注预设和生成的关系，同时充分考虑到课程平衡问题，增强了基本目标和内容的落实度，促进幼儿全面发展。教师要合理地整合各方面的教育内容，有机地综合生活、运动、游戏和学习各项活动，并自然地渗透于一日生活的各项活动中。

（2）特色活动课程。

传承、发展幼儿园原有的特色课程：民间体育游戏和主题探究活动（后面详细介绍）。

（3）小主人活动课程。

坚持人人参与、人人获得成功的理念，让每一个幼儿都充分享受到活动的幸福和成功的喜悦，将各种节庆活动、幼儿园传统活动与小团队活动有机融入课程中，体现了教育面向每一个幼儿的思想理念。

表1　东莞市实验幼儿园小主人活动课程框架设计

课程目标	让每一个幼儿在各类活动中得到更完整的发展			
基本原则	面向全体幼儿、促进幼儿个性发展			
教师角色及关注点	关注每一个孩子，为每一个孩子创设展示自我的平台，促进他们在原有水平上有所发展			
活动分类	活动形式	课程类型	参与单位	设置
节庆活动（见节庆活动表）	多元形式	预设为主	班级	节日渗透
传统活动	六一艺术节	预设与生成相融合	全园性	上半年
	国庆体育节		全园性	下半年
团队活动	成立各种小团队	预设与生成相融合	班级及全园	一日生活

2. 课程的框架

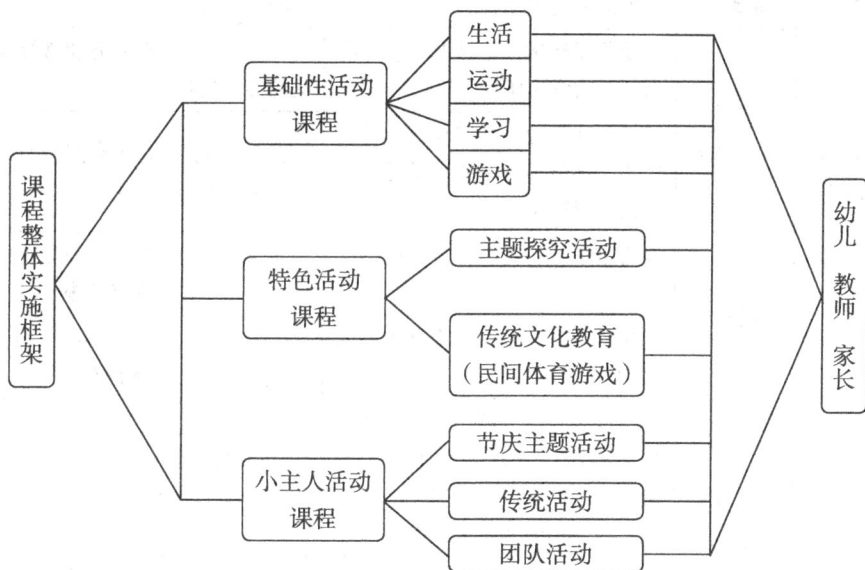

图2　东莞市实验幼儿园课程实施框架

3. 园本课程内容及教材的选用

我园采用市场成熟教材、改编新教材和创编相结合的方式，开发园本课程内容。即选择市面上已经成型的以及和本园园本课程主体相关的教材形成园本课程内容；依据园本课程目标，对现有的课程进行园本化的改编形成园本课程内容；通过教师原创，形成园本课程内容。

```
┌─────────────────┐
│  选用成熟课程内容  │────┐
└─────────────────┘    │
                       │              ┌──────────────┐
┌─────────────────┐    │    形成      │              │
│ 改编新教材课程内容 │────┼──────────▶│  园本课程内容  │
└─────────────────┘    │              │              │
                       │              └──────────────┘
┌─────────────────┐    │
│ 教师原创课程内容  │────┘
└─────────────────┘
```

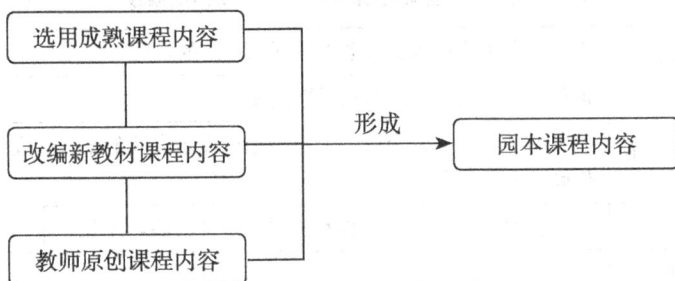

图3　东莞市实验幼儿园课程内容开发

表2　东莞市实验幼儿园课程教材选用说明

课程版块	类型	参考教材或自编教材	选用说明
基础性活动课程	生活、运动	上海市学前教育教师参考用书：《生活》《运动》	作为教材性参考用书和教研活动的参考资料
	学习（领域）	《幼儿园渗透式领域课程》（南京师范大学出版社）	作为教材性参考用书和教研活动的参考资料
		《学前儿童数学学习与发展核心经验》《学前儿童语言学习与发展核心经验》	作为实践过程中的参照依据和教研活动的参考资料
	游戏	上海市学前教育教师参考用书：《游戏》	作为实践过程中的参照依据，作为教研活动的参考资料
		《我的游戏权利——多种需要的儿童》	作为游戏理论系统学习材料，为实践中的问题解惑释疑
特色活动课程	主题探究活动	东莞市实验幼儿园主题探究活动自编教材：《我的小手》（小班）、《好玩的纸或瓶子》（中班）、《书海畅游》（大班）	作为实践过程中的参照依据和教研活动的参考资料
		《儿童的一百种语言》	作为理论学习材料，为实践中的问题解惑释疑
	传统文化教育（民间体育游戏）	根据省立项课题《幼儿园民间体育游戏课程开发的实践研究》成果和广东省基础教育研究实验基地研究项目《幼儿园开展传统文化教育的实践研究》开展传统文化教育	作为实践过程中的参照依据和教研活动的参考资料

（四）构建园本课程资源库

课程资源是课程实施、提升幼儿经验的重要工具，课程资源的开发和利用是推动课程发展的有效手段。为了与园本课程建设同步发展，我园以资源库建设平台为基础，以关注课程、教师教学需求为导向，积极探索建立动态的园本课程资源库。我园的课程资源建设依循"收集—管理—利用"的步骤，先调动各方力量，有序地、有目的地收集资源；再建立课程资源库，对资源进行分类、加工、整理、存放和传递，实现责任到人；最后提高资源的利用效率，使资源利用有重点、教师观察有目的，实现课程评价的开放化、幼儿学习的多元化。

结合研究的进度，我们对现有的资源进行了筛选与分类整理，完成了园本课程资源库的框架搭建，建立了4个一级资源库和18个二、三级资源库（见图4），并制定了《东莞市实验幼儿园课程资源库"四级管理"制度》《东莞市实验幼儿园课程资源库使用目录》和《东莞市实验幼儿园主题电子资源库使用指南》等资料。同时，我们还以教师为主体，鼓励教师将自己研制或收集的教学资源不断充实到教学资源库中，形成一种不断充实的机制，从而使资源自然增长、不断丰富、良性循环。

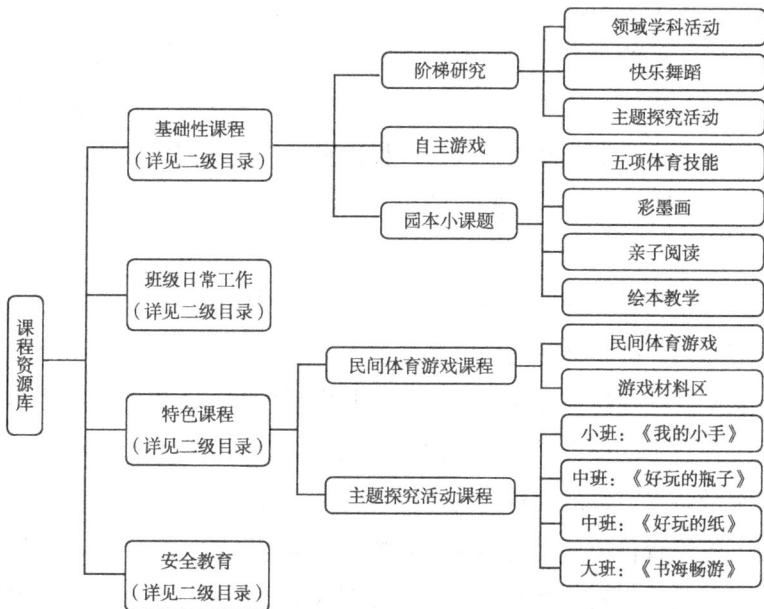

图4　东莞市实验幼儿园课程资源库目录

课程资源库的建立打破了班级、年级的界限，为资料、经验的共享及区域与区域间的共享搭建了平台。平行、互补、合作的活动方式，也使班级与班级之间发生了更多的联系与互动，使教师在资料收集与制作中拓展了思路，提升了教师范例的质量，激发了教师从被动准备材料的状态走向主动积累专业资料的常态，更能在新一轮的工作中为自己和他人提供便捷地参考资料借鉴，避免了不必要的浪费，实现了资料应有的价值。经过实践和研究、资源库的建立和应用，不仅创设了一个教师间群体交流合作的信息平台，使教师们可以开展合作、互动教学研究，也实现了同事之间的资源共享、相学相长，避免了大量的重复劳动，为教师开阔视野、获取信息提供了条件，促进教师专业成长，真正落实减负增效，切实提高了教育质量，是一条可持续发展的教研新路。

（五）深入开展园本课程中的特色课程之一主题探究活动，并编写了课程教材（初稿）

为了弥补学科领域教学对幼儿自主学习能力培养的不足，我园通过多年的教学实践，研发出适合幼儿自主学习、善于发现、主动探究的园本课程"主题探究活动"，使不同年龄段的幼儿有着不同的探究内容。该活动在活动性、主体性、多元智力性等理念的指导下，以年龄段为单位，确立活动主题，再把主题分解成3、4个子主题，最终实施"一学年一主题"的探究活动。目前，各年龄班级分别以"我的小手""好玩的纸或瓶子""书海畅游"为三大主题，围绕"一个主题，集体设计，交互开展；一个活动，变式进行，互动生成"的方式，不断地集中、共享、修正，改善课程预定、生成过程中思考与提高各班级主题活动的有效性，实现了主题探究活动的深入化。

1. 内 涵

主题探究活动是一种富有弹性、充满活力的课程，围绕一个主题，根据幼儿的兴趣和生活，师生共同建构一系列预设和生成活动，再借助于环境和多方资源探求新知。主题探究活动课程是以幼儿生活为轴心、以游戏和活动为主要形式、以幼儿自主的探究学习为主的综合性、活动型的课程。课程根据幼儿认知能力发展的特点，以幼儿自身的生活为源泉，选择幼儿熟悉的、感兴趣的、有意义的、有教育价值的主题为学习对象，将健康、语言、社会、科学、艺术等方面的学习内容有机整合在一起，通过深入地观察、主动探索、自主体验、尝试和实践活动，促进幼儿的全面发展。

2. 框架设计

在目标设置上，以尊重幼儿"自主探究，体验认知"的成长特点为基础，以促进幼儿综合素质的全面发展为目标；在内容选择上，从有机融合的角度出发，选取贴近幼儿生活的主题，适时引入传统文化，实现多元文化的相互融合，科学与人文的融合；在活动安排上，探究既符合了《纲要》中对幼儿园的活动要以游戏为基本活动的规定，又体现了活动类型的丰富性；在组织与实施中，以"一学年一主题，集体设计，交互开展，变式进行"螺旋式构建的方式为基础进行逐层拓展与深化；在资源运用上，充分利用家庭、社区及社会的资源，发挥"三位一体"教育合力的作用。

表3　主题探究活动课程框架的设计

课程目标	培养幼儿"会发现、会质疑、会探究"的意识及能力，促进幼儿的身心和谐发展
课程来源	幼儿的兴趣与生活
课程内容	小班：我的小手；中班：好玩的纸或瓶子；大班：书海畅游
课程类型	生成与预设相融合
组织形式	区域活动、游戏活动、集体教学、个别交流、参观、讨论、调研、展示、报告等
基本脉络	"呈现问题"—"研究问题"—"解决问题"—"表达分享"
教师角色	与幼儿地位平等的活动者
关注点	关注幼儿表现出的兴趣和个体自发的活动，尽可能将教师预设活动和幼儿的生成活动进行有机结合，充分体现幼儿学习的主体性
成果	形成以主题为单位的课程文本资料库，包括教学目标、网络图、教学内容、环境创设、家园合作、主题评价、成长档案、教学案例等

3. 主题的开展

（1）主题的选择：一学年一主题。

幼儿园课程的内容，强调贴近幼儿的生活实际，以幼儿的兴趣为基础，直接从生活环境中取材，充分利用能让幼儿直接感知和亲身经历的各种教育资源，让幼儿从生活中发现问题、提出问题、研究问题和解决问题。主题内容可由幼儿自己选择确定，也可由教师提供选题建议；可来源于书本知识和课堂教学，也可产生于家庭或社会生活实际；可以是对自然现象的探究，也可以是对社会问题的探讨。主题资源的可获性也是主题内容选择不可忽视的问题，可考虑到幼儿园、家长及社区所具有的可利用资源。因此，主题内容的选择应注意四个依据：一是贴近幼儿生活实际；二是具有学习价值；三是有利于教育目标的落实；四是有可利用的教育资源。基于以上的因素及多年的实践总结，再结合幼儿的年龄特点，我们以幼儿年龄段为基础选取了"我的小手""好玩的瓶子或纸""书海畅游"三大主题。

（2）主题的深度与广度："2+3主题探究活动与领域学科活动"相结合模式。

开展主题的时候，由于时间太短容易造成流于表面、蜻蜓点水、草草结题，时间过长又容易造成幼儿兴趣减弱或者疲劳。随着主题的层层开展，与主题相关的活动也逐渐开展，主题应该要"深入"或者是"放大"到什么程度才合适呢？经过多年的实践后，我园实施了"2+3主题探究活动与领域学科活动"相结合的模式，即在每星期的周四和周五上午学习活动时间（1小时）开展主题探究活动，周一到周三上午的学习活动时间开展领域学科活动。试着统计一下我园开展主题的教学课时，第一个学期有21周（42个课时）、第二个学期有18周（36个课时），当中有一些节假日或许是特殊活动等，保守估计这些活动会占去8个课时的时间，那么第一学期剩下的就是34个课时、第二学期28个课时。如果孩子们的兴趣浓厚，在主题网络编制与教学观察与实践中，各个子主题还能长出"新"的发展路径，一个主题能探究62个课时，也就是一个学年。主题网络展开的线索是多方面的，从主题网络中生发出的各个子主题及其活动所涉及的领域也是非常广泛的，坚持性地进行深入探究活动，有效地提高孩子们的钻研精神、耐力和毅力，使得孩子在对主题的探究活动中能够获得各个领域有益的经验。

（3）主题活动的预设与生成：一个主题，集体设计，交互开展；一个活动，变式进行，互动生成。

当主题确定后，编制主题网络成为活动的主要环节，也是促进幼儿富有个性发展的有效途径。为了把握教育的整体性和层次性，避免盲目生成，在网络编制时，我们首先采取级部教师集体设计的方式进行，对本年龄段的主题预设3、4个子主题，每班分别围绕不同的子主题开展活动，在子主题开展2-3个月后，班级之间会进行子主题的交互开展，这样不仅保证了活动的整体性和教育性，而且实现了资源和智慧的共享。同时，在每一个主题探究活动开展时，各班注重结合本班幼儿的实际情况变式进行，在师幼的互动中生成新的活动，实现"生成中有预设，预设中有生成"。如中班的主题探究活动"好玩的纸"，在认识"纸的种类或特性"这一活动中，教师可以通过预设活动采取集体谈话的方式帮助幼儿理解，也可以指导幼儿通过翻阅资料、参观、询问等方式进行活动的探究。在预设活动中，幼儿可以更加系统地了解有关纸的知识。而在生成活动中，幼儿将会感知更多有关纸以及与纸相关的知识经验，甚至在探究的过程中还会涉及更多更有价值的内容。值得注意的是，我们并不提倡主题活动全部生成，因为教师完全随幼儿的兴趣跑，很可能会出现重复低效的教育情况。因此，在制定网络主题时，我们将幼儿自发、教师预设、师幼共同创设等不同方式有机地整合在一起，以多方互动的形式完成主题网络的设置。

下面以中班的主题探究活动"好玩的纸"为例简单介绍：

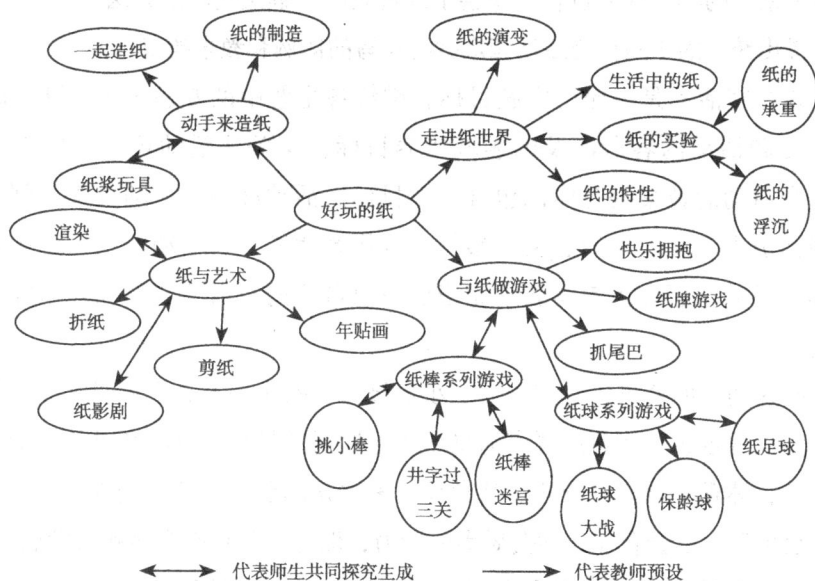

图5　中班的主题探究活动"好玩的纸"网络图

纸是幼儿日常接触最多的材料之一。幼儿的日常生活中也充满了和纸相处的经验：从纸巾、纸盒到纸袋，从书籍、报纸到海报……纸在幼儿生活中扮演着不可或缺的角色。中班幼儿对于纸的认识与使用都已经积累了一定的生活经验，但对于纸的历史、发展以及制作流程等并不熟悉。因此，我们依据中班幼儿的认知特点，以级部为单位，进行了集体的设计，从纸的发展史、纸的制作、纸的种类、纸的特性、纸的玩法等层面入手预设了"走进纸的世界""动手来造纸""纸与艺术""与纸做游戏"四个子主题和一系列的活动，让幼儿通过摆弄、组合、转化各种纸制品等活动来形成属于自己的经验。例如，在做纸浆活动中，孩子通过撕纸、浸泡、过滤等步骤制作出纸浆，然后根据自己的意图使用各种模具进行塑形，同时还可以用纸浆制作出各种立体作品，如纸球等。班级在围绕不同子主题开展活动时，不断地在师幼的互动中生成新的活动，如中（2）班在"纸与艺术"中开展了丰富多彩的纸文化系列活动，有"纸影剧""渲染"等；中（1）班在"与纸玩游戏"的主题中不断地发现新游戏，有纸棒和纸球系列游戏；中（3）班在"纸的实验"主题中开展了"纸的浮沉"与"纸的承重"的实验。在主题探究活动的预设和生成中，幼儿通过游戏、观察、发现、动手操作验证、检验结论、再次发现问题、修正方法、再次动手操作验证等一系列的学习探究过程，学会了发现问题、解决问题的方法。

5. 提出统一的主题探究活动园本教材编写的体例和教学建议

主题探究活动是按照各主题目标，围绕各主题中的专题内容展开。既注重每个专题活动内容所涉及的领域培养目标，又关注活动环境的创设与利用。每个活动的教案编写体例包含活动目标、活动准备、活动过程（创设情景、谈话引入、示范指导、引导参与、合作游戏等）、活动评议、延伸活动布置等。另外，还要求教案教学完毕后写出自己的教后感或对课题研究的点滴体会。

根据这两方面要求，我园编写了小班级《我的小手》、中班级《瓶子的世界》《好玩的纸》、大班级《书海畅游》主题活动教材。这些活动体例规范、格式统一，体现了课程综合化、特色化、素质化的要求，注重培养幼儿学会认知、学会生活、学会合作、学会做事的能力，促进幼儿身心全面和谐发展。

（六）完成园本课程中特色课程之—"民间体育游戏课程"的研究

在"教研训"一体化的整体视野下，针对《指南》要求，以省市级课题《幼儿园民间体育游戏课程开发的实践研究》为龙头，进行了支持幼儿学习与发展的三级（省级、市级与园级）课题研究，在游戏、运动、学习等方面大胆实践，深入探索能够促进3~6岁幼儿学习与发展的策略，在实践中贯彻《指南》的先进理念。结合省市级课题《幼儿园民间体育游戏课程开发的实践研究》的内容，完成了园本课程系列——"民间体育游戏课程"的研究，真正落实《纲要》及《指南》中所倡导的以游戏为基本活动的思想，有效增强幼儿体质，提高幼儿身心健康水平，弘扬民族文化，从小培养民族精神，促进幼儿各方面素质的主动发展。课题也取得了丰硕的研究成果，起到了积极的示范和辐射作用：形成了《幼儿园民间体育游戏课程体系》；改良、创新民间体育游戏材料近1000件；汇编、印刷书籍4册；改（创）编了129则民间体育游戏，其中包括徒手类游戏24则、器械类游戏65则、混龄类游戏15则、亲子类游戏15则、律动（早操）类游戏10则；专著《幼儿园民间体育游戏课程》于2015年6月由福建教育出版社正式印刷出版；研究成果及其他与之相关研究成果被《生活教育》《教育界》等学术期刊刊载；在省市各类培训班及科研成果推广会上发言交流和推广；得到了华南师范大学袁爱玲、杨宁等教授专家的充分认可；常年敞开园门接纳来自全国各地幼儿园3000多人进行观摩活动，全国各地近百所幼儿园的专家、领导和老师来园参观、考察并索取相关课题资料，获得同行的好评；在新疆生产建设兵团第三师中心幼儿园和48幼儿园、河源市源城区机关幼儿园、云南昭通市育苗幼儿园、东莞市大岭山镇实验幼儿园等幼儿园中积极推广和实践应用；被采纳入广东高等教育出版社出版的学前教育专业系列教材《幼儿游戏指导》一书中；课题成果《幼儿园民间体育游戏课程开发的实践研究》获得2016年广东省中小学教育创新成果二等奖、2017年广东省基础教育教学成果奖（基础教育）二等奖。

（七）探索与课程构建同步的研训合一的多元化园本培训模式（见图6）

英国课程论专家斯腾豪斯曾经说："没有教师发展就没有课程开发！"在园本课程开发这种自下而上的课程实践形态中，幼儿园园本课程开发的效益在很大程度上取决于教师课程开发的能力。因此，我园在构建园本课程的同时积极探索园本培训的模式，注重学习—实践—反思—实践—总结的过程性研究，不断提高全园教师的专业能力，始终让教师的成长与园本课程的构建进程保持同步。坚持以教师发展为本，遵循"在实践中磨炼、在合作中进步、在竞争中成长"的培养原则，认真落实"自我反思、同伴互助、专业引领"式的园本研训制度，将"研"和"训"有机整合，将园本培训与园本课程实践、园本课题研究相结合，根据目前教师队伍的水平与能力，注重教师专业兴趣的培养及专业能力的发展，在解决教师教育教学实践问题的同时，通过分类培训、阶梯研讨、课题引领、资源共享和搭建平台等方法，不断提高教师课程开发和科研能力。

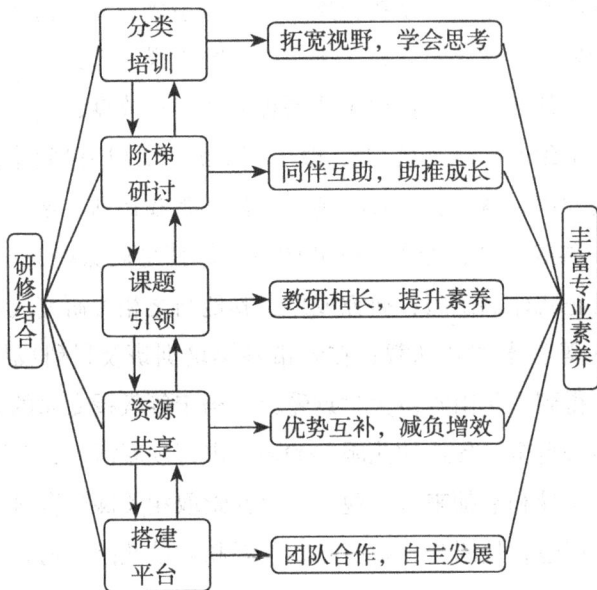

图6　与课程构建同步的研训合一的多元化园本培训模式

1. 书香浸润，且读且思，且思且行

加大力度推进"我读书，我快乐"的师德主题教育活动，让教师把读书当成自己的一种生活习惯，且读且思，且思且行，全面提升教师素养。

2. 分类培训，拓宽视野，学会反思

根据每位教师的不同特点和个性化的需求，有计划地组织教师外出开展系列专题性学习、参观，并建立学习汇报制度，与专家零距离交流互动，开展优质幼儿园的日常活动观摩等开阔教师视野，发展教师的专业眼光。同时，借助幼儿园示范园平台，加强与省市多所幼儿园的交流与互访，这不仅提高了教学团队中每个成员的视野，而且大家也在一次次的展示和交流中历练了对课程深思熟虑的研究意识，收获着研究带给幼儿发展和自我专业提升的喜悦。

3. 阶梯培训，同伴互助，助推成长

为了促进不同层次教师专业素养的稳步发展，我们提出了"以聚焦日常实践工作"为主线的大目标，兼顾教师能力、兴趣与需求，然后围绕园本课程开发细化成三条支线：主题探究活动、领域学科教学、快乐舞蹈教学，并以此支线成立阶梯小组。运用不同层面教师参与不同阶梯小组研训的形式，点燃青年教师的专业激情，逐步形成追求教学、研究、学习为一体的教师互动成长、持续发展的研修模式。各组在开展活动过程中，注重以"小步递进"的方式逐一深入研究，并将专业引领式的集体教研和互助探讨式的自主教研相结合，听课评课、案例赏析、专题研讨、一课多磨、资源库建立、领域教法研究等活动形式日趋成熟，成为推进教研有效性发展的主要动力。教师们在这个研修平台上前进与磨炼，是通过不断互动对话来疏解教学上的困惑，从而收获行之有效的指导策略，顿悟教育教学理念，真正体验到教学研互动成长的快乐。在培训过程中，我们看到了教师教育智慧的迸发；培训后，我们则更多地看到青年教师在教育实践中对创新的运用，教师的教育智慧得到了交融辉映，大大提高了我园的园本培训实效。

4. 课题引领，团队合作，提升素养

针对"问题就是课题、教学就是研究、成果就是成长"的教科研思路，我园出台了《园级课题申报办法》，强化小课题研究行为的规范性，确保小课题研究工作的顺利开展，形成了全园教师人人参与小课题研究的良好氛围。四个园本小课题《在绘本阅读活动中提升幼儿学习品质的实践与研究》《幼儿园彩墨画游戏化教学的研究》《有效渗透数学教育，优化幼儿五项体育技能的学练过程》《发挥园亲子阅读区的作用，打造浓郁的家庭书香文化》应运而生，每个教师自然成为课题研究的主人。四个园本课题组分别从水墨画游戏化教学、语言绘本、亲子阅读、五项体育技能培养等领域进行了"发展式"的研讨和实践，教师在"问题—分析—行动—反思—评价"的过程中展开研究工作。在课题研究的进程中，既培养了青年教师深入思考、周密安排以及计划统筹的能力，也给了他们更多的工作空间。

5. 搭建平台，展示自我，自主发展

为了避免枯燥单一的培训模式，我们将教师园本培训建立在各级各类展示评选之上，让教师在积极准备的过程中自发地进行自主式培训。如每学期的环境分享交流活动、班级亮点工作发布会、阶梯组阶段学习分享会、园本课题阶段性成果推介会、全市教研交流活动、省市级各类业务竞赛等活动的开展，使教师的专业化水平得以进一步提高。同时，还要结合教师的实际情况，精心规划和设计教师的专业成长档案，以成长档案为载体，全面提升教师的专业发展水平。档案覆盖教师个人基本信息、个人成长规划、学习研究记载等内容，收集了教师专业学习的成就和进步的材料，真实反映了教师专业成长历程，是教师师德、教育教学、教育科研、继续教育等方面全方位的记录和展示。它的建立既增强了教师自我反思、主动发展的意识和能力，促进教师的专业化成长，又便于幼儿园全面地了解教师的成长与进步。

四、研究的成效

在两年多的实践研究里，我们对园本课程进行了进一步的修订与完善，促进课程方案的有效实施，幼儿和教师发展的效果显著，提升了我园的办园品质。

（一）促进了幼儿的全面和谐发展

课程是对幼儿实施全面发展教育的重要载体，课程的质量决定着幼儿的健康发展。"以幼儿发展为本"是我园园本课程的核心理念，融合性园本课程的出发点是为了让幼儿通过丰富多彩的、适合幼儿年龄特点的活动，使幼儿的个性差异得到尊重，个别需要得到满足，让每个幼儿在原有水平上都可以得到充分发展，"使幼儿度过一个快乐而有意义的童年"的教育理想成为可能。我园幼儿在开放、多元、丰富的活动中，张扬了个性、享受了快乐、促进了发展。

（二）提升了教师的专业素养

我园融合性园本课程发展的实践证明，教师参与幼儿园课程的建设与实施的过程也是教师的成长与发展的过程。教师在课程研究实施的过程中翻阅了大量的专业书籍、相关资料，参加了课题研究的培训，进行了多次的教育实践和总结提炼，课题研究和园本教研也为教师营造了良好的学术氛围和交流平台，在协作中提高了教师的群体意识和反思能力，提升了教师教育教学的理论素养，全面地提高了教师的综合素质。近两年，我园教师中1人被评为广东省园长工作室主持人、4人被评为东莞市首批名园长名师工作室主持人、4人被评为东莞市教育家和名师培养对象、1人获得广东省南粤优秀教师称号，多名教师在省市的论文、课件评比、竞赛、演讲比赛中获奖，多篇论文发表。

其中，利用课程资源设计的主题活动改变了以往主题活动中以预设为主、生成为辅的方式。同时在发现、获取、利用课程资源的过程中，我们欣喜地看到资源改变了教师的课程意识，教师们已经从原来一成不变的活动模式中走出来，开始进行创造性的思维和实践。每个教师在对资源搜寻、提取、整合、运用、再调整的过程中不断地建构和积累自身的经验，并根据幼儿活动的现状与资源的特性，对资源进行选择、删减、重组，使资源发挥出更大的价值。而大量的生成性活动对教师也提出了更高的要求，它需要教师养成积极观察、分析、判断、调整的能力。每次围绕园本主题探究、环境创设和自主游戏开展的园本教研活动在一定程度上也促进了教师们的专业成长，她们开始从孩子的兴趣和需要出发，并反思自己在主题生成、目标制定、活动设计、活动准备、活动实施过程中存在的问题。

（三）积累了较丰富的园本课程素材

（1）编制了《东莞市实验幼儿园融合性园本课程实施方案（修订稿）》，是教师实施园本课程的重要依据。

（2）构建了民间体育游戏课程体系：编制了园本教材，形成了较完善的幼儿园民间体育游戏课程方案；收集、整理民间体育游戏91则，汇编成《幼儿民间体育游戏传统玩法汇总》；改良、制作了游戏器械近1000件；创编了民间体育游戏系列共129则（详见自编教材《幼儿园民间体育游戏课程开发的实践研究——游戏集》）等。

（3）探索建立了课程资源库：其中包括4个一级资源库和18个二、三级资源库，并制定了《东莞市实验幼儿园课程资源库"四级管理"制度》和《东莞市实验幼儿园主题电子资源库使用指南》。

（4）初步编写了主题探究活动课程教材：小班《我的小手》、中班《好玩的纸》和《好玩的瓶子》、大班《书海畅游》。

（四）产生了积极的示范和辐射作用

融合性园本课程的实践探索不仅完善了课程实施方案的结构与内容、实施与评价，提高了课程实施与成效，更是促进了幼儿园的内涵发展。两年多来，经过集体智慧讨论和实践检验过的园本课程资源库已日渐厚实，主题探究活动不断拓展深入，民间体育游戏课程也日渐成熟。常年敞开园门接纳来自全国各地姐妹园5000多人进行观摩活动，获得好评；研究成果及其他相关研究成果被《生活教育》《广东教学》等学术期刊刊载；研究的初步成果及其他相关研究成果在省市各类培训班及科研成果推广会上发言交流和推广；课程得到了同行的认可和好评，新疆、河源、云南、韶关、清远等地同行纷纷前来进行交流，云南昭通市育苗幼儿园把我园的主题探究课程直接借鉴引回幼儿园实践应用；成果也得到了幼教专家的指导和肯定，使融合性园本课程的内涵不断深化。本幼儿园被遴选初评为广东省基础教育研究实验基地学校，还被市推荐参加广东省中小学教师信息技术能力提升工程示范校评选活动。

五、主要研究成果目录

（一）期 刊

（1）李丽英.交还主权，让孩子真正成为环境的主人［J］.现代阅读，2011
（1）.

（2）李丽英.适合孩子的才是最好的——东莞市实验幼儿园融合性园本课
程十三年践行路［J］.广东教学，2012（11）.

（3）周蝶.如何让孩子喜欢民间游戏［J］.广东教学，2014（8）：14.

（4）李丽英.幼儿园民间体育游戏课程研究的发展历程［J］.广东科技
报——中小学科教周刊，2015（4）：6.

（5）李丽英.对传承幼儿民间体育游戏的思与行［J］.生活教育，2015
（4）：92-94.

（6）廖雁珍.幼儿园亲子民间体育游戏开展的策略［J］.广东科技报——中
小学科教周刊，2016（3）：6.

（7）李丽英.幼儿园民间体育游戏课程开发的实践研究［J］.广东科技
报——中小学科教周刊，2016（6）：1-2.

（8）李游.让音乐融入幼儿民间体育游戏中［J］.广东教学，2016（8）：2.

（9）李丽英.传统文化教育纳入园本课程中的实践与思考［J］.教育界，
2017（25）：139-140.

（二）专 著

赵晓卫，李丽英，袁爱玲.幼儿园民间体育游戏课程［M］.福建：福建教
育出版社，2005.

（三）园本教材

（1）《幼儿园民间体育游戏课程体系》。

（2）《东莞市实验幼儿园主题探究活动课程之我的小手（小班）》。

（3）《东莞市实验幼儿园主题探究活动课程之好玩的瓶子（中班）》。

（4）《东莞市实验幼儿园主题探究活动课程之好玩的纸（中班）》。

（5）《东莞市实验幼儿园主题探究活动课程之书海畅游（大班）》。

（四）自编书籍5册

（1）《幼儿园民间体育游戏课程开发的实践研究》。

（2）《〈幼儿园民间体育游戏课程开发的实践研究〉——课题成果之民间体育游戏集》。

（3）《〈幼儿园民间体育游戏课程开发的实践研究〉——课题成果之教师研究论文集》。

（4）《〈幼儿园民间体育游戏课程开发的实践研究〉——课题成果之家长心得集》。

（5）《童言墨韵——东莞市实验幼儿园园本小课题"幼儿园彩墨画游戏化教学的实践研究"》。

（五）结项报告

《融合性园本课程的实践与探索》。

六、思考与体会

2015年，我们根据广东省基础教育课程改革实验项目《融合性园本课程的探求》的研究契机，在园本课程的构建上做了更进一步的尝试。但是，园本课程的建设是一项长期而又复杂的系统工程，还有大量的工作需要我们去探索和研究。

（一）最新的不一定是最好的，最适宜的才是最好的

园本课程最终追求的就是一个课程的"适宜性"，那么，这里所说的适宜当然是从幼儿的角度出发，既要符合幼儿的需要，也要考虑他们的心理特点和学习规律，更要让每个孩子在原有水平上得到发展，这样的园本课程才是有价值、有意义的，值得我们继续探究。

（二）园本课程是做出来的，而不是写出来的

其实建立园本课程并不难，只要找到适宜的理论支点，结合本园的实际情况及孩子的学习现状，再融合本土的文化和资源，就会建立起适合本园、本班的课程。这需要我们必须对教育有实事求是的精神，将理论与实践相结合，与孩子共同建构属于自己的课程，共同成长。我们的园本课程是慢慢地发展起来的，不是园长拍拍脑袋就想出来的，也不是因为流行建立园本课程就可以跟风出来的，是经过多年酝酿逐步建立起来的。

（三）园本课程应该是动态的，只是相对稳定的，还需要不断丰富和发展

园本课程开发的核心不是简单的课程内容的增减，而是在实践基础上的优化。优化的标准是幼儿能获得更好的、真正全面和谐的发展。随着时代的不断前进，我们幼儿园的课程也需要时刻调整和优化，这就是我们开展园本课程的意义所在。

（四）园本课程应该避免流于形式，增加教师和幼儿的负担

园本课程的建设过程中，要实现减负增效，关键在于对园本课程的正确理解。首先，必须立足于本园的条件：师资水平和幼儿的要求，通过多种途径实现教师对现有课程的改编（包括整合、选择、补充和拓展等）；其次，明确园本课程是一种政策导向，并不是上级给下级的命令。切忌盲目模仿别人或追求"花样翻新"，加重教师和幼儿的负担。

（五）教师是关键

无论哪一种教学改革，根本目的在于提高幼儿园教学质量；无论什么样的教材，关键要看什么人去实施，所以，提高教师素质、更新教师观念是我们任何时候都需要高度重视的。

广东省第一批名园长工作室研究课题
"幼儿园开展传统文化教育的实践研究"
结题研究报告

一、前 言

（一）研究的背景

文化是人类认知世界的智慧结晶。鲁迅先生说："只有民族的，才是世界的。"国家民族的优秀传统文化是民族的魂魄，是凝聚力的根本。民族文化是一个民族生活的历史遗存，是一个民族赖以生存、得以繁荣的根，传承文化就是要"把根留住"。然而，随着农耕社会的迅速瓦解，在经济全球化的形势下，民间传统文化面临着没有传承人、人去曲终的窘境。近年来，尤其是在即将到来的地球村文化背景下，人们逐渐认识到：越是民族的，越是世界的，民族文化是一个民族屹立于世界的闪亮丰碑，人们呼吁加强对民族非物质文化遗产的保护与传承。因此，我国于2003年开始开展了一系列的"优秀民族民间文化遗产"的抢救工作，传统文化正面临着如何延续、发展和创新的问题。

教育是人类历史发展的重要文化形式，也是人类文化记忆传承的重要方式。十八大报告提出："建设社会主义文化强国，加强社会主义核心价值体系建设和全面提高公民道德素质，应建设优秀传统文化传承体系，弘扬优秀传统文化"。可以说，从国家文化发展战略和人才培养战略的高度上把握优秀传统文化教育的重要性，是充分认识优秀传统文化教育在国民教育体系中重要性的前提条件。当今时代优秀传统文化教育进校园已是大势所趋，研究如何在少年儿童中开展传统文化教育，怎样将传统文化教育与地域特点、学校（幼儿园）现状有效结合已成为每一位教育者必须要思考的问题。

幼儿园教育是基础教育的重要组成部分，有着传承中华文明的使命与责任。幼儿是民族的希望也是传统文化的承载者和继承人，对幼儿进行传统文化教育，是一个继承与发展的过程。幼儿是文化传承的核心，从娃娃抓起，利用教育这一世界公认的最重要的传承方式，开展优秀民间文化的传承和发扬，同时用其中深厚的文化底蕴和人文色彩去滋养幼儿，让传统文化从小在幼儿心中扎下根，是一条传承民间文化和促进幼儿发展得以双赢的途径。

《幼儿园教育指导纲要（试行）》（以下简称《纲要》）中提出："充分利用社会资源，引导幼儿实际感受祖国文化的丰富与优秀，感受家乡的变化和发展，激发幼儿爱家乡、爱祖国的情感。适当向幼儿介绍我国各民族和世界其他国家、民族的文化，使其感知人类文化的多样性和差异性，培养理解、尊重、平等的态度。"幼儿园开展传统文化教育具有可行性，因为它源于生活，与幼儿的生活经验密切相关，有着适合幼儿年龄特点、易于接受的内容，挖掘内容健康向上的内容对幼儿进行教育，可以培养幼儿爱家乡、爱祖国的感情，启发幼儿爱国意识，对传承弘扬传统文化，树立民族精神有着不可忽视的重要意义。各地民间文化蕴含着丰富的教育资源，如何在幼儿园课程中利用传统文化资源，给予幼儿以文化启蒙教育，促进幼儿身心的健康发展，使我国的优秀文化得以传承和发展成为一个必要的课题，也是每一个幼儿教育工作者义不容辞的责任。

我工作室团队中的五所幼儿园（东莞市实验幼儿园、惠州市机关第一幼儿园、河源市源城区机关幼儿园、潮州市兰英第二幼儿园、信宜市教育城幼儿园）虽地处不同地区，但都是具有深厚教育和文化底蕴的幼儿园，所在地区的传统文化底蕴也相当丰厚，这些都为我们实施本土文化教育提供了充足的资源。近年来，我们一直努力实践《纲要》和《3～6岁儿童学习与发展》（以下简称《指南》）精神，在传统文化教育过程中积累了一定的本土教育经验，也为发展传统文化奠定了一定的基础。工作室成立后，我们以工作室主持人为总指挥，确立课题"幼儿园开展传统文化教育的实践研究"，各成员结合本土文化资源以及遵循幼儿整体认知的特点，选取研究内容（子课题），在教育中有机地选择传统文化之精粹，借鉴运用到幼儿园教学中，并将各种教育因素有机整合，让传统文化厚实幼儿的素养，实现文化传承和幼儿发展的双向创生。

（二）相关研究综述

世界各国对于本民族优秀传统文化的保护、发扬、教育都不遗余力，主要做法有：一是思想重视。很多国家在面临"古文化保护"与"现代化建设"如何协调统一的问题时，都毫不犹豫地选择了"全面接受现代文明的同时，在文化层面上则完整地保存了本民族的精神文化传统"的道路，比如日本、韩国、意大利等。二是营造浓郁的优秀传统文化氛围。例如，日本的小学里面都有一个雕像——孩子背着一捆柴，手里拿着中国的《大学》。三是开设优秀传统文化教育课程。比如，日本把茶道、花艺等优秀传统文化作为女孩子的必修课。四是各学科优秀传统文化的渗透。外国的成功实践为本课题的研究提供了很好的经验借鉴，但是世界各国传承传统文化的成功经验并不一定完全适合我们的国情，寻找一条适合各园优秀传统文化教育的实践之路将是本课题研究的重点。

近年来，对幼儿进行优秀传统文化教育的呼声与热情一浪高过一浪。一是很多学校和幼儿园纷纷通过开设诵读班、兴趣班、国学经典诵读、优秀传统文化进课堂的形式，进行普及优秀传统文化的有益尝试，在社会上引起了不小的反响；二是各学科优秀传统文化的渗透。但是，总体而言形式较为单一、范围较为狭小、内容相对狭窄，似乎更多集中在文学和德育方面，对于传统艺术的教育涉及较少。同时，有关优秀传统文化素养教育的校本教材的开发也略显滞后。

从20世纪90年代中期以来，虽然我国的幼儿教育不止一次地提出过注重传统文化教育在幼儿教育中的作用，但是在十多年的实践中我们不难看出，幼儿园的传统文化教育存在着一定的偏差，主要体现在：

（1）注重知识的传递，而忽略了对幼儿由文化知识所折射出的文化精神和民族自尊心、自豪感的培养。例如，现在有些幼儿园开展文化经典诵读活动，听着孩子们用稚气的声音清脆地诵读"人之初，性本善，性相近，习相远……"让人觉得让孩子们从小感悟中华传统文化是多么重要，但是我们也应该看到，孩子们在"不求甚解"地朗读经典时，我们的教育目的在哪里？他们记住了内容就一定会对中华文明有所了解、有所热爱吗？是不是也该深入培养他们的民族自尊心和自豪感，让他们能够自发地学习和了解更多的传统文化呢？

（2）形式过于单一，内容不够丰富。幼儿园的传统文化教育大多用节日活动的形式来展现传统美德故事、杰出人物介绍等历史方面的内容，却忽视了与现代文化的结合。传统文化在新的历史时期有新的体现，幼儿的心理活动具有现实性，与现代生活脱离太多不利于传统文化教育的发展。同时，总是以故事、图片、工具的形式来介绍，无法给幼儿以深刻的印象。

（3）注重继承，缺乏创新。这主要体现在两个方面：一是教师在组织教育活动的过程中，对于传统文化内容缺乏深入地体会，以照搬为主，没有结合幼儿的身心发展特点和时代特征加以变通，无异于扼杀了幼儿的学习兴趣和探究意识。过于依赖教材、依照习惯，甚至模仿其他教师、其他幼儿园；二是让幼儿被动学习的较多，不注重创新意识的培养。

（4）目前，幼儿教育在五大领域展开，从体、智、德、美等方面促进幼儿全面地发展。而其中与中国传统内容相关的，多数是与节日活动相结合的，如春节、端午、中秋等。同时，幼儿教育的相关教材中涉及传统文化的内容很少，而传统礼仪教育、传统道德观念教育、传统民间艺术及游戏等在幼儿的生活中出现的频率就更少了。

综上所述，目前对于幼儿园优秀传统文化教育的实践研究大多停留于某一方面，如节日教育的研究、经典诵读的研究、民间工艺教学的研究，而缺少整体、系统地研究。同时，对于幼儿园在优秀传统文化教育方面的具体做法缺少细致描述，因而导致研究的针对性不足。

因此，本研究试图在充分借鉴现有研究成果的基础上，从幼儿教育与文化传承关系的角度出发，结合现实反映出来的幼儿园传统文化教育中存在的问题，使各成员幼儿园立足于幼儿园自身的实际情况和本土资源，不断拓展思路，挖掘我国传统文化中蕴含的教育资源，将传统文化教育纳入到园本课程中，寓于幼儿的一日生活中，让幼儿在不同的年龄阶段接触到不同类型的传统文化，逐步探索幼儿园传统文化教育的途径和策略。

（三）研究理论依据

1. 维果茨基的文化历史发展理论

维果茨基的文化历史发展理论从辩证唯物主义哲学立场出发，指出幼儿的心理发展是在日常生活、课堂、游戏、劳动等情景中，在与成人、同伴共同活动中形成对社会文化的积极内化。他认为，在幼儿认知发展的整个过程中，社会文化因素的影响可谓举足轻重。幼儿有两种发展水平：一是幼儿的现有水平，二是即将达到的发展水平，这两种水平之间的差异就是"最近发展区"。

游戏是学前阶段最好的教育活动，游戏创造了最近发展区。

2. 斯图尔德的文化生态学

文化生态学是一门主要"研究文化适应环境的过程和由这种适应性所导致的文化习俗之间的相互适应性的学科"，该理论最早是由美国学者斯图尔德提出的。斯图尔德认为，文化进化的过程是文化对生态环境的适应过程，文化传播和文化传承是文化生态发展的两种基本形态。不同区域文化的传承不论是从形式上还是从内容上都有所不同，这影响着幼儿的发展和以传播文化为己任的教育。

3. 皮亚杰的建构主义学习理论

建构主义认为，学习是一种能动的构建，幼儿是通过自己的主动活动来探索和认识现实世界。环境在幼儿发展中起着非常重要的作用，幼儿是在与周围环境相互作用的过程中逐步建构起关于外部世界的认知，从而使自身认知结构得到发展。儿童游戏是包含着大千世界的一种缩影。这种游戏中的微型世界反映了由一系列约定俗成的社会规则所建立起来的人际关系。教师在儿童游戏中的作用就是对幼儿的活动做出反应，充分调动幼儿的学习兴趣，不但善于寻找幼儿的兴奋点，还要善于利用这些兴奋点，允许幼儿积极主动地建构自己的认知。

4. 福禄培尔的游戏理论

福禄培尔的游戏理论指出：幼儿的天性是在活动中发展的，因而活动在幼儿的生活和教育中占据重要地位。幼儿活动的主要表现形式为游戏，它是幼儿生活的一个重要组成部分，因而游戏也是学前教育的一个主要内容。游戏是发展幼儿创造性的最好的方式，对幼儿的发展有着极其深刻的意义。游戏并不仅是一种消遣，还可以增强幼儿的体质，开发幼儿的智力，培养幼儿优秀的品质。自然界是上帝对人类的恩赐，要让幼儿认识大自然，就必须以大自然为基础制作各种玩具。

5. 陈鹤琴的活教育思想

陈鹤琴的活教育思想认为，游戏是幼儿的心理特征，游戏是幼儿的工作，游戏是幼儿的生命。幼儿教育是幼儿园与家庭共同的责任，不是家庭或幼儿园任何一方可以单独胜任的。

6. 布朗芬布伦纳的儿童发展的生态系统理论

美国心理学家布朗芬布伦纳的儿童发展的生态系统理论论述了幼儿成长的过程中外界环境对幼儿发展的影响和作用。其主要观点有：①环境不仅包括了幼儿周围的环境，还包括了影响幼儿发展的大的社会、文化环境。②幼儿的行为和发展处于一个相互联系、相互影响和相互作用的稳定的生态系统之中，生态系统中的各种生态因子以及各种因子之间的交互作用对幼儿的发展都起到至关重要的作用。③从家庭到幼儿园到社会，幼儿的生态过渡（即生态环境的变化）对其发展具有举足轻重的作用。

（四）概念界定

传统文化即一个民族中绵延流传下来的文化。任何民族的传统文化都是在历史过程中形成和发展起来的，既体现在有形的物质文化中，也体现在无形的精神文化中，如人们的生活方式、风俗习惯、心理特性、审美情趣、价值观念等。

本课题主要研究的是内容丰富、博大精深的中华民族优秀传统文化，侧重点是本土民间艺术、风俗、节日、传统礼仪、民间游戏等方面的内容。

幼儿园传统文化教育的实践研究是立足于"幼儿园"，借助于本土传统文化资源，着眼于"优秀传统文化"，定位于"实践研究"，寻求切实可行的教育策略，引导幼儿观察、欣赏、感受、体验民族传统文化，使优秀的民族传统文化得以传承与发展，培养幼儿的民族自豪感。

（五）研究思路

课题研究内容及管理实行发散性、汇聚性、辐射性的原则。

一是发散性。工作室结合各成员幼儿园的基本情况及各成员的研究兴趣，确立课题"幼儿园开展传统文化教育的实践研究"，并以工作室主持人为总指挥，各成员根据园区所在的本土文化资源及研究兴趣选取研究子课题，并聚集成员所在幼儿园团队群体资源共同探讨一个子课题的研究内容，使其更加具体化，具有可操作性和有效性。具体如下：

子课题一：幼儿园民间体育游戏课程开发的实践研究。

（负责人：李丽英，所在园所：东莞市实验幼儿园）

子课题二：唱响歌谣，传承潮韵——在幼儿园中开展潮州歌谣教学的实践研究。

（负责人：洪雪娟，所在幼儿园：潮州市兰英第二幼儿园）

子课题三：创新客家游戏，促进幼儿平衡能力的发展。

（负责人：刘小玲，所在幼儿园：河源市源城区机关幼儿园）

子课题四：幼儿感恩教育生活化实践研究。

（负责人：李延君，所在幼儿园：惠州市机关第一幼儿园）

子课题五：幼儿园礼仪教育的实践研究。

（负责人：张萍，所在幼儿园：信宜市教育城幼儿园）

二是汇聚性：以学期为单位定期召开总结会，交流子课题开展情况，总结提炼有益经验，聚焦真问题，探讨改进策略。

三是辐射性：将每个子课题的研究成果推广、辐射到工作室成员所在幼儿园甚至是区域所属的其他幼儿园，以促进资源的共享与成果的推广。

（六）研究的目标与内容

1. 研究的目标

（1）立足幼儿园的实际，借助本土民族传统文化资源，探索幼儿园开展传统文化教育的途径和策略，对幼儿进行民族传统文化的教育和熏陶。

（2）充分挖掘对幼儿具有发展价值的传统文化活动资源，体验民族传统文化的乐趣和价值，唤醒教师自我发展的内在需求，促进教师专业成长。

（3）搜集、编制有关民族传统文化的活动，丰富课程内涵。

2. 研究的主要内容

本研究立足于工作室成员所在幼儿园的实际情况和幼儿发展的整体现状，以《纲要》理念为依据，遵循"古为今用"的原则，强调从幼儿生活出发，借助于社区内有利于幼儿学习的民族传统文化资源，以传统节日、民族艺术、经典文化、民间游戏、环境熏陶、传统礼仪、感恩教育为途径，将传统文化与幼儿园的课程有机整合，寓于幼儿的一日生活中。我们从以下几个方面进行研究：

（1）通过解读分析《纲要》和《指南》，确定幼儿园传统文化教育目标。

（2）借助本土文化资源，选择传统文化教育内容的研究。

（3）传统文化在幼儿园环境中的渗透研究。

（4）幼儿园开展传统文化教育的策略研究。

二、研究方法

（一）调查法

通过谈话、走访家庭等形式，调查教师、家长对民族传统文化的了解程度，为课题提供背景材料。

（二）文献研究法

搜集和查阅有关文献资料，为课题研究提供科学的论证资料和研究方法。

（三）行动研究法

在课题实践的过程中，围绕课题研究目标，开展多层次、多渠道、全方位的研究，课题组在中华民族传统文化教育实践中开展活动，采取边实践、边研究、边总结的做法，最终达到课题研究预期成果。通过开展学习研究、实践探究以及丰富多彩的传统文化教育活动，引导幼儿了解各民族文化，传承民族文化。

（四）经验总结法

在课题研究的过程中，认真做好各类资料的收集、整理和实施情况的记录。定期对课题研究进行总结、提炼，形成本课题的研究成果。

三、研究过程

本课题为期2.5年（2015年10月—2018年5月）。

第一阶段：准备阶段（2015年10月—2016年6月）

（1）成立课题组，学习研究计划和相关材料，明确本课题研究的内容及各园所成员的研究侧重点。

（2）调查分析各成员幼儿园目前传统文化教育的现状及存在的问题。

（3）不断进行反思和调整，课题组成员互访交流探讨，用最有效的方法解决实践中遇到的问题。

第二阶段：课题具体研究阶段（2016年6月—2017年9月）

按课题分工，全面付诸实践、及时反馈、随时调整、经常总结，形成随时记录、个案分析和阶段报告的程序。

第三阶段：总结评估阶段（2017年9月—2018年5月）

总结整理、反馈校正，为最终课题成果的形成做好全面准备；召开研究成果汇报会，申请结题。

四、研究的创新之处

一是把传统文化与幼儿园教育融合在一起，实现文化传承和幼儿发展的双向创生。本研究立足于幼儿园本土文化资源，将传统文化引入到幼儿园课程中，通过在幼儿一日生活的各环节中渗透开展传统文化教育，让幼儿在不同的年龄阶段接触到不同类型的传统文化内容，有唱的、跳的、说的、做的，幼儿在体验学习的过程中不仅可收获知识、培养动手能力，还能在亲身体验的过程中感受传统文化的魅力，身心得到全面和谐地发展，进而提升民族的自豪感。

二是创新幼儿园、教师、家长、社区相结合的模式，将优秀传统文化教育融入生活、学习、运动以及游戏之中，推动优秀传统文化教育的方法和模式创新。家庭、幼儿园与社会通过教育这样一个能动的要素来实现文化传承、发展与更新，既是对传统文化的重拾，也是对教育理论的丰富与补充。

三是变概念为行动。将传统文化这一抽象概念落实到具体的、与教育教学实践相融合的行为中，通过社会、幼儿园、家长和幼儿的共同参与，以及一系列的具体的、接地气的、幼儿喜闻乐见的传统文化教育活动真正让传统文化在幼儿心中"生根发芽"，作用于幼儿的成长。

五、研究成果

（一）确定幼儿园开展传统文化教育的基本目标

从幼儿园教育的层面讲，本研究中的传统文化教育是有目的、有组织、有系统地对幼儿进行的优秀传统文化教育。围绕立德树人的根本目标，以弘扬爱国主义为核心的民族精神为主线，以幼儿身心发展特点为依据，以培养幼儿对中华优秀传统文化的亲近心为重点，开展传统文化早期启蒙教育，培养幼儿喜爱中华优秀传统文化的情感，为培养具有民族情怀、文化素养、时代精神、世界视野的现代中国人奠基。因此，我们根据幼儿的发展特点、社会发展需要以及国家纲要（《纲要》和《指南》）的要求，把幼儿园开展传统文化教育的基本目标定为提高身心健康水平，弘扬民族文化，从小培养民族精神，使幼儿从小得到民间文化的熏陶，促进幼儿各方面素质的主动发展。再从传统文化教育对幼儿在生理层面、心理层面及文化层面的发展功能做以下具体的阐述（见表1）。

表1　幼儿园开展传统文化教育的三层面目标

生理	促进正常的生长发育	
	培养正确姿势	
	发展基本活动能力	
	提高身体素质	
	发展自稳性（对环境的适应能力和疾病的抵抗能力）	
心理	非智力因素	培养对民族游戏的兴趣
		培养活动自信心
		培养意志力
		培养合作能力、交往能力
		培养社会性行为自控能力（规则意识）
	智力因素	发展思维和观察能力
		发展注意力
		发展创造力和想象力
文化	个体社会化	培养民族感情，激发民族自豪感
		培养对人、事、物的正确态度
		培养团结协作精神

（二）选择适宜幼儿园开展的传统文化教育内容

1. 选择适宜幼儿园开展的传统文化教育内容

传统文化教育内容十分丰富，幼儿园对这些教育内容应是有意选择的，而不是随意吸收的。幼儿园挖掘、筛选、整理优秀、健康、适合幼儿接受能力的传统文化教育内容，是实现传统文化教育目标的重要保证。我们既要保持传统文化的"原汁原味"，又要"去其糟粕，取其精华"。幼儿园必须遵循《纲要》的精神，结合本土教育资源，以既热情又慎重、既大胆又科学的态度来挖掘、整理、开发传统文化教育的内容，使其既适合幼儿的现有水平，又有一定的挑战性；既符合幼儿的现实需要，又有利于其长远发展；既贴近于幼儿的生活来选择幼儿感兴趣的事物和问题，又有助于拓展幼儿的经验和视野。因此，在传统文化教育中应选择以下内容：

一是选择符合幼儿认知规律的传统文化教育内容。抽象思维和形象思维是人类思维的基本形式，3岁以前主要依靠形象思维，3岁以后可以培养抽象思维。也就是说，学前儿童（3～6岁）主要是形象思维，但也可以初步利用抽象思维认识概念，进行判断并得出简单的推理结论。幼儿受其年龄和智力的限制，只能认知传统文化中的较小部分，如深奥的传统哲学、传统宗教文化等则不适宜作为幼儿园传统文化教育的内容。

二是选择与幼儿生活世界紧密联系的传统文化教育内容。幼儿园传统文化教育内容应突出幼儿生活经验与最近发展区的需要，从幼儿的生活经验出发，始终将有趣、有益、生活化作为选择内容和设计活动的指导思想。传统文化教育要贴近幼儿生活、联系幼儿生活，与幼儿的生活、游戏紧密结合在一起，帮助幼儿在丰富有趣的活动中进一步丰富和拓展生活经验，使其能够获得知识、增长能力，从而获得全面发展。与幼儿生活世界紧密联系的传统文化包括节日传说故事、民间工艺品、民间玩具和游戏、民间礼仪教育等。

三是选择符合幼儿兴趣的，能调动幼儿积极性的传统文化教育内容。兴趣是最好的老师，是幼儿学习的一种内存驱动力。在选择传统文化教育内容时，应注意捕捉幼儿的兴趣点与关注点，认真思考"幼儿对它感兴趣吗""它能调动与激励幼儿参与和不断学习吗"等问题，将兴趣性作为选择传统文化教育内容时首先考虑的要素。

2. 选择与幼儿学习活动领域匹配的传统文化教育内容

《完善中华优秀传统文化教育指导纲要》中指出，要"在课程建设和课程标准修订中强化中华优秀传统文化内容"。在《纲要》和《指南》中，将幼儿学习活动的范畴相对划分为健康、社会、科学、语言和艺术五个领域，各方面的内容都应发展幼儿的知识、技能、能力和情感态度等。传统文化内容丰富，涉及语言、科学、健康、艺术等各个领域。可见，幼儿园传统文化教育内容也完全可以与幼儿学习活动的五大领域进行匹配，从而初步形成了幼儿园传统文化教育的内容，如表2所示。

表2　幼儿学习活动领域与传统文化教育内容

《幼儿园教育指导纲要（试行）》《3～6岁儿童学习与发展指南》中幼儿学习活动领域	传统文化教育内容模块
语言	传统故事、经典古诗
社会（礼仪）	传统节日、基本礼节（感恩）
艺术	传统音乐、民间艺术
健康（游戏）	传统体育、民间游艺

（三）创设蕴含传统文化元素的教育环境

蒙台梭利提出，"在教育上，环境所扮演的角色相当重要，因为孩子在环境中吸取所有的东西，并将其融入自己的生命中"；皮亚杰在认知理论中强调，幼儿是在与自己周围的环境以及活动材料的互动中形成自己的认知图式；瑞吉欧教育也认为，"环境是幼儿的第三位老师"；《纲要》中也明确指出，"环境是重要的教育资源，应通过环境的创设和利用有效地促进幼儿的发展"。幼儿园环境作为一种不可或缺的教育资源和一种隐性课程实施的有效途径，对幼儿的发展具有巨大的影响。如何为幼儿创设一个富有传统文化气息的环境，使幼儿与环境形成良性互动，同时在互动中健康、全面地发展，我们课题组的成员在幼儿园做了很多的探索。注重创设蕴含传统文化元素的环境，让幼儿园的每个角落成为传统文化传承的媒介，让环境与幼儿能真正"对话"，让幼儿在耳濡目染中逐渐认识和了解传统文化。我们应积极利用走廊壁画、空间墙面、廊柱、专用活动室、班级特色活动区、户外宣传橱窗……从不同的角度展现中国传统文化的特色和美，让环境成为体现我国传统文化的主要窗口。

1. 河源市源城区机关幼儿园创设了"客味"十足的教育环境

客家文化源远流长、博大精深，蕴含着丰富的教育资源。在环境创设过程中，依托河源客家文化内涵，围绕"传承客家文化，弘扬客家精神"为主线，充分挖掘本地资源，以形式多样的主题活动、艺术作品等为切入口，营造"客味"十足的教育环境。一是在幼儿园外墙上喷绘各种蕴含教育意义、体现客家文化的图案，如客家女、恐龙文化、客家童谣、客家游戏等，让幼儿在耳濡目染中感受优美的客家文化。二是创设了"客家风情馆"，里面收集了客家人各种常用的物品，如八仙桌、鱼篓、斗笠、石磨、风箱等。同时，客家风情区还是"活"的，孩子们除了可以在里面观赏，还可以选择自己感兴趣的活动，如

"磨豆腐""腌酸萝卜""舞龙"等。三是注重环境的细节创设，在每一处均体现客家文化的气息，如在楼道、班级、区域材料等融入客家文化元素，让幼儿时刻感受民俗文化的多样和内涵。

2. 潮州市兰英第二幼儿园创设了"潮味"十足的教育环境

根据自身园情及地域特点定位"潮州传统文化"教育，幼儿园里到处洋溢着潮州文化气息，对传承文化传统有着深刻的意义。从幼儿的年龄特点出发，在本土风情、潮汕民俗、地域特色等方面下足功夫。同时，鼓励家长、幼儿与教师共同参与整个活动的布置，每个班都结合潮汕主题活动创设具有本班特色的主题墙。如大班的《含人来喝茶》《潮剧的脸谱》，中班的《美味的潮汕小吃》《过春节》，小班的《我喜欢的陶艺品》《潮汕风情街》等。在一楼创设潮汕文化游戏区，将各种潮汕文化融入游戏中，让幼儿在玩乐中不断认识自己的家乡、了解自己的家乡，激发自豪感。

3. 东莞市实验幼儿园创设了蕴含传统文化元素的教育环境

一是将幼儿园的楼道分为两部分：一部分是幼儿可触摸的墙裙区域，这里有孩子们喜爱的各种现代操作玩具，供孩子们操作探索；另一部分是墙裙上方区域，这里有师生共同创造的泥塑、剪纸、彩墨画等民间工艺作品，有民间体育游戏的线条画、布艺画，供孩子欣赏观察，这些与传统文化教育相适应的环境，可以激发幼儿的学习兴趣，幼儿在看看、讲讲、玩玩的过程中对中华传统文化有了初步的了解。二是充分挖掘传统文化的素材，创设彩墨画工作坊、百家姓文化墙、东莞历史建筑文化柱、象形文字吊饰等，这些富有内涵的中华传统文化对生活在当今社会的孩子来讲具有一定潜移默化的作用。

（四）探索出一些幼儿园开展传统文化教育行之有效的策略

各成员幼儿园立足于本园，积极探索幼儿园传统文化教育的策略，重点以引导幼儿走近、亲近、感受传统文化为目标，以观赏、故事、游戏、诵读、探究为主要形式，开展符合幼儿生活经验的爱国情怀教育、社会关怀教育和人格修养教育的实践研究，让幼儿在看得见、听得懂、摸得着、做得来的情境中提升传统文化素养。

策略一：将传统文化教育寓于游戏活动中

游戏是幼儿的天性，也是幼儿的主要活动形式和探索世界的桥梁。民间体育游戏作为游戏的一种，是对民族传统文化的肯定与继承，并且符合幼儿好动、好学、好模仿的心理特点。民间体育游戏所独具的特点，能够促使幼儿学会相互协调合作。学会自己解决人际矛盾、学会控制自己的行为和情绪、学会理解和照顾他人等社会性发展的良好品质。民间体育游戏是幼儿接触和学习民族文化的重要途径，把优秀的适宜幼儿发展的民间体育游戏引进到幼儿园游戏中来，以促进幼儿的全面发展。因此，在以"吃和玩"为生活主题的幼儿心目中，民间体育游戏教育自然成了幼儿的天然需要。

《指南》中指出："幼儿园应鼓励幼儿进行跑跳、钻爬、攀登、投掷、排球等活动，以及跳竹竿、滚铁环等传统体育游戏，发展幼儿动作的协调性和灵活性。"民间体育游戏是民间游戏中运动类的游戏，是游戏中一项极好的项目，其形式多样、内容丰富、贴近自然、贴近幼儿的现实生活，蕴含着中国人民的智慧，融会了中华民族特有的民族文化和体育（运动）文化，蕴含着丰富的现代教育价值和发展潜力，弥补着城市化带来的负面效应，对满足幼儿游戏的需要，促进其全面发展有着非常重要的意义和价值，是现代游戏无可比拟的。同时，民间体育游戏不仅蕴含着丰富的朴素运动智慧，而且因为具有高度的灵活性、随意性和娱乐性，能够弥补现代体育游戏规范化与标准化带来的局限，实现传统文化与现代科技的相得益彰。

东莞市实验幼儿园从课程开发的角度出发，尝试以民间体育游戏为切入口，将民间体育游戏融进现有的课程体系中，确立课题《幼儿园民间体育游戏课程开发的实践研究》，并先后在省市立项。为了让民间体育游戏最大优化，以发展传统民间体育游戏的现代教育价值为研究内容，我们拟定了严密的计划，打破了单一的游戏模式，把民间体育游戏的元素融合到幼儿园的环境、一日生活、领域学习活动、主题探究活动、区域活动、大带小混龄活动、早操律动、自由活动、专题展示活动、家园活动等丰富多彩的活动中，探索出多样多彩的形式和策略，通过师生互动、生生互动、家园互动，为幼儿开辟了一条能够找到自信、获得快乐、提升能力的新途径。民间体育游戏课程的研究促进了幼儿身心全面和谐地发展，特别是在民族意识、想象创造力、社会性及体能、心理素质等方面尤其显著。

河源市源城区机关幼儿园地处客家地区，流传着许多丰富的传统客家游戏。客家游戏内容丰富、形式多样，具有灵活性、趣味性、简便性、地方性等特点，幼儿易懂、易学。为了让客家游戏焕发出它应有的价值，源城区机关幼儿园将客家游戏作为一种教育资源，深挖其教育价值，并深入到体育活动中去，提出了"创新客家游戏，促进幼儿平衡能力的发展"的课题，并通过开展系统的传统客家体育游戏，大胆地尝试开发和创新客家体育游戏，促进幼儿平衡能力的发展和身心健康，增强幼儿体质，为幼儿今后的身体发展打下良好的基础。

策略二：将传统文化教育整合到领域教学中

我们精心选择了一些适合3~6岁幼儿的传统文化素材渗透在各个教育活动领域中，让幼儿在领域教育活动中感受中华民族悠久、独具魅力的文化。例如，语言领域中的童谣、民间故事、民间文学，使幼儿对中国经典的文学作品产生了浓厚的兴趣；美术领域中的蓝印花布、传统泥塑、中国线描、撕纸、彩墨画等元素让幼儿感受到了传统艺术的博大与精美；音乐领域中的传统歌曲、传统民乐能够让幼儿领略到了乐曲的优美，提升艺术鉴赏水平；健康领域中的民族武术教育、饮食文化教育、民间体育游戏，促进了幼儿身心的发展；在科学领域，向幼儿介绍现代生活中的科技产品和民族品牌，增强幼儿的民族自豪感，激发幼儿的探究欲望；在社会领域里，向幼儿进行传统节日的教育，如清明节、端午节、元宵节的教育，通过制作、分享传统食品等，让幼儿感受浓浓的节日气氛。

惠州机关第一幼儿园在开展感恩教育的过程中，注重从幼儿身边的事物出发，运用整合的理念，在语言、艺术、社会、科学等各个领域渗透感恩教育的内容，原创设计的活动主要有：

（1）语言领域：《我爱妈妈》《我的一家人》《爱的拥抱》《祝福来敲门》《感谢有您》《猜猜我有多爱你》。

（2）社会领域：《小熊的旅行》《感恩的笑脸》《宝贝，我爱你》《牵系的爱》《爸爸妈妈，我爱你》《让世界充满爱》。

（3）艺术领域：音乐活动《敲咚咚》《小乌鸦爱妈妈》《我的好妈妈》《爱的传递》《小青蛙找妈妈》；美术活动《制作爱心卡》《美丽的相框》；

（4）科学领域：《老奶奶的服装店》《我们一起来分享》等。

策略三：传统文化教育与区域活动有机结合

区域活动是幼儿的自主性活动，更重视幼儿关键经验的积累与培养。区域活动有着相对宽松的活动氛围和灵活多样的活动形式，可以将传统文化融入其中。可以充分利用区域活动所具有的"活动性、游戏性"的有利条件，选择适合幼儿发展水平的各类实践活动及操作材料，创设让他们表现美和创造美的传统文化活动区；为幼儿提供活动和表现的机会，让他们在区域游戏活动中感受传统游戏所带来的快乐。

如东莞市实验幼儿园专门开辟了彩墨画工作坊，不仅为幼儿提供各种国画工具材料，如墨、水、宣纸、笔等，而且还整理了符合幼儿年龄特点感兴趣的材料，如棉球、纸团、弹珠、牙刷、图形印章等，让幼儿在彩墨飘香的环境中，通过画、印、滚、喷、搓等游戏方式，任其所能，尽情享受民间艺术美的熏陶，同时能够积极大胆地表现自己，创造美、表现美。在班级的语言区里，投放三字经、民间童话、民间故事、民间童谣等画册，幼儿通过看、说、讲，培养口语表达能力，锻炼语言能力。在户外的民间游戏区，根据幼儿的年龄特点，投放大量的民间游戏材料，如陀螺、飞盘、风车、降落伞、竹蜻蜓、竹梯子等可以变化的材料，这些材料的可塑性强，来源于祖辈们世世代代的生活，深受幼儿们的喜爱，他们可以按照自己的意愿，一物多玩，充分发挥自身创造力。

此处以东莞市实验幼儿园大班班级区域创设为例，如表3所示。

表3　大班班级区域创设及材料投放

区域	投放材料
美工区（民间工艺区）	泥、绣花布、各种颜色的纸等
益智区	纸牌、陀螺、东南西北、七巧板、翻绳
表演区	轿子、传统服饰、头饰、道具等
语言区	三字经、民间童话、民间故事、民间童谣等画册
民间游戏区	飞盘、风车、降落伞、竹蜻蜓、竹梯子等

信宜市教育城幼儿园根据不同区域的游戏特点，将班级区域划分为科学探索区、阅读区、美工合作区、角色表演区等，并把礼仪教育的内容定为行为礼仪、语言礼仪、仪态礼仪等。在各个区域提出相关的具体要求，丰富礼仪教育的内涵，体现礼仪教育的针对性和实效性。

首先，创设适宜幼儿年龄特点的区域活动。教师根据幼儿年龄特点的发展需要，采用固定设置或灵活设置的方式，创设多功能有选择自由度的区域，为幼儿提供相互交流、共同合作、不为别人干扰的环境，为培养幼儿礼仪提供平台。①培养幼儿的基本礼仪可以创设娃娃家、理发店等。②培养幼儿公共场合的礼仪可以创设商场、加油站等。③培养幼儿交往合作的礼仪可以创设建构合作区、手工合作区等。这些游戏都是日常生活的情景再现，为幼儿的交往合作提供了平台，满足了幼儿需要与被需要的情感。

其次，在区域规则中渗入礼仪教育元素。幼儿在区域游戏中是游戏的主人，为了让幼儿养成良好的礼仪行为习惯，教师应该制定相关的区域规则，融入礼仪元素与礼仪目标，制定每个区域的规则张贴在该区域明显的位置上，根据幼儿的年龄使用图文结合的方式，让每个区域都有一个有礼仪规则的环境。①阅读区：进区先确定人数，轻声说话，安静阅读，音乐响起把书放回原处。②美工区：小心使用剪刀，不乱涂乱画，保持衣服干净。③操作区：爱护玩具，做好记录，共同合作，放回原处。在阅读区需要安静，做一个文明的小读者；在美工区需要小心涂画，做个礼貌爱干净的小朋友；在操作区能够培养幼儿与同伴相互合作，协调如何把游戏完成的交往能力。这样既培养了幼儿的规则意识，又能够使幼儿根据规则进行礼仪交往。

最后，在幼儿活动的环境中渗透礼仪教育。环境对幼儿的语言和行为具有启发、示范的作用，因此教师可以在幼儿经常活动的区域贴上文明礼仪标语。①在厕所贴上：不推也不挤，没有位置等一等。②在洗手处贴上：不浪费水。③在楼梯、走廊处可以贴上有关礼仪的图画与标语，内容可以是尊老爱幼、遵守公共秩序、礼貌用语等。

策略四：将传统文化教育融合在节日主题活动中

中国的传统节日形式多样、内容丰富、寓教于乐，是我们中华民族悠久历史文化的组成部分，既是传统文化的重要载体，也是传统文化的具体体现。当今世界多元文化并存、东西文化融合，民族传统节日作为珍贵的非物质文化遗产，对弘扬以爱国主义为核心的民族精神、培养社会主义核心价值观、增强社会主义文化的吸引力和凝聚力有着重要意义。

惠州机关第一幼儿园开展的《感恩教育生活化的实践研究》中，各班结合幼儿的年龄特点，利用节日开展了各种类型的活动。在教师节开展了"感谢老师"主题活动、在国庆节开展了"祖国在我心中"绘画比赛、在感恩节开展了"感恩于心"大型签名活动、在"三八"妇女节开展了"我爱妈妈"系列主题活动、重阳节开展了慰问敬老院活动、在"五一"劳动节开展了"珍惜劳动果实"活动、在"六一"儿童节开展了感恩社会活动等，让幼儿在节日活动中实践感恩。

东莞市实验幼儿园以节日活动为契机，寻找适宜幼儿发展的传统文化教育内容，形成了独具特色的园级节日主题活动，点燃了幼儿对传统文化的兴趣，促进幼儿身心的全面发展。如腊八节，在给孩子讲腊八节故事的同时，厨房还专门为孩子们准备了腊八粥，让幼儿直观感受中国传统节日文化；2月举办元宵节灯会，每个家庭都以亲子创意制作的方式让幼儿园充满中国年的韵味，孩子们和父母一起猜灯谜、做元宵，烘托出浓浓的节日气氛；端午节里，把爷爷、奶奶请进幼儿园，一起学习包粽子、做香袋、玩旱地龙舟的游戏，体会民俗节日的快乐；6月结合儿童节举行以民间艺术为主题的亲子大型现场创意绘画活动，亲子创作的作品青花艺术水管、彩墨长卷、创意剪纸、童趣宫廷扇等都一一展示在幼儿园的每一个角落，成为幼儿园里一道美丽的风景；中秋来临，小朋友诵读中秋诗词、讲述传统故事，和老师一起跳起《嫦娥奔月》的舞蹈，体会"但愿人长久，千里共婵娟"的意境；冬至日前后，举行民间体育游戏亲子运动会，让民间体育游戏在亲子的欢声笑语中更加富有生命力。众多的传统节日主题活动让家长重温了儿时的快乐，让幼儿对中国的传统节日充满了向往，也使幼儿永远铭记中国的传统文化。

策略五：将传统文化教育渗透到主题探究活动中

主题探究活动能激发幼儿深层的求知欲，对开展传统文化教育有独特的价值。在主题建构的内容选择上，我们要充分考虑幼儿自身体验、学习、发展的规律以及传统文化的价值和传承的需要三个维度。通过主题活动的开展，幼儿能够感知、了解传统文化，关注环境的变迁，增进对大自然和祖国的热爱。

东莞市实验幼儿园充分抓住教育契机，根据幼儿园主题探究活动的特点，将适合的传统文化内容渗透在其中，使幼儿能够感受到中华民族传统文化的魅力。如在东莞市实验幼儿园大班《书海畅游》的主题探究活动中，围绕这一主题，结合民族传统文化，开展成语故事大王、传统节日绘本阅读、中华经典故事大王冲关等一系列活动，增加幼儿对中华民族传统文化的浓厚兴趣，加深幼儿对民族传统文化的热爱之情。又如中班主题探究活动《好玩的纸》，内容涉及中国四大发明之一的造纸术、以中国传统剪纸为主的纸的艺术、传统民间戏曲艺术纸影戏等，幼儿通过唱、跳、玩、听、看、讲、做等系列体验活动感受祖国博大精深的传统文化，加深民族文化认同感和自豪感。

策略六：将传统文化教育渗透在幼儿一日生活的零散时段中

一日生活皆课程，幼儿园的每个生活环节都是实施传统文化教育的重要途径。在幼儿园的日常生活中，我们将传统文化教育渗透到幼儿一日生活的零散时段中，使幼儿从点滴生活中感受到传统文化的多彩，对幼儿的身心和各种能力的发展起到一定的促进作用。幼儿一日生活零散时段主要包括来园后、餐前、餐后、离园前等，如早上来园，幼儿可以玩"手心手背""翻花绳""东南西北""石头、剪刀、布"等室内手部小肌肉运动型游戏，也可以玩"跳绳""荡秋千""扔沙包""老鹰捉小鸡"等户外肌肉运动型游戏；饭前饭后，幼儿可以玩安静的手指游戏或"纸牌接龙""剪窗花"，也可念念童谣、古诗等。

（五）形成幼儿园、家庭、社会三位一体的传统教育合力

我国著名的幼儿教育专家陈鹤琴先生说："幼儿教育是一件很繁杂的事，它不是家庭一方面可以单独胜任的，也不是幼儿园一方面可以单独胜任的，必须要两方共同合作，方能得到充分功效。"《纲要》中指出："幼儿园应与家庭、社区密切合作，综合利用各种教育资源，共同为幼儿的发展创造良好的条件，充分利用自然环境和社区教育资源，扩展幼儿生活和学习的空间。"可见，幼儿教育是一项整合家庭、社会、幼儿园教育的系统工程。

在幼儿园传统文化教育中，更需要得到家庭、社会的认可和大力的支持。潮州市兰英第二幼儿园在开展《唱响歌谣，传承潮韵——在幼儿园中开展潮州歌谣教学的实践研究》中就非常注重挖掘家长资源，建立家园共育的平台。

例如，潮州歌谣一般篇幅简短、易唱易记，给许多老一辈人的童年带来了快乐。以前是家庭教育的一种重要辅助方式，当遇到某些情景时，大家都会随口吟唱。下雨时："雨落落，阿公去栅箔，栅着鲤鱼共'苦初'，阿公哩爱富，阿嬷哩爱柯，二人相打相挽毛，挽去见老爹，老爹笑呵呵，担恁二人好笑绝。"在流萤似星的夏夜就念："天顶一粒星，地下开书斋，书斋门，未曾开，阿奴哭欲吃油堆，油堆未曾熟，阿奴哭欲吃猪肉，猪肉未曾割，阿奴哭欲吃蕃葛，蕃葛未曾柳，阿奴哭欲吃阿老爹两杯酒，酒未激，欲吃粟，粟未挨，欲吃鸡，鸡未抬，欲吃梨，梨未摘，阿奴哭了白白歇，白白歇……"可现在已很少传唱了，家长忽视了地方文化的传承。因此，挖掘家长资源，调动家长共同参与是很重要的。通过召开家长会、家访、家教园地、家园平台等活动，宣传潮州歌谣，请家长协助收集潮州歌谣，家长开放日请家长到园助教，动员家长积极参与到说唱潮州歌谣活动中。请家长教自家孩子说唱歌谣，再让孩子到幼儿园教小朋友，激发幼儿与家长浓厚的兴趣，因此学起来也会收到事半功倍的效果。鼓励幼儿在家里和爸爸妈妈一起做歌谣亲子游戏；在图书角摆放一些有关歌谣的书籍，让幼儿翻阅；在美工角将幼儿创编歌谣的作品展示出来；早操编排加入潮州歌谣作为表演的音乐，在每天的唱唱跳跳中，幼儿自然习得歌谣、说唱歌谣、表演歌谣。我们还邀请家长来园参加《潮州歌谣快乐唱》的"六一"表演活动，家长们饶有兴趣，也跟着幼儿唱起童谣，好像回到了快乐童年。家园共同创设的氛围，更让孩子们体验到学习潮州歌谣的无限乐趣。

东莞市实验幼儿园在课题开展的过程中，从　开始民间体育游戏的搜集、游戏材料的制作、游戏活动的参与、家长助教的体验、亲子展演的倾注，家长与教师一路携手走来，不但让他们重忆童年的美好，也转变了错误的育儿观念，自觉地将游戏的自由、快乐的体验还给了孩子，更加主动、积极地配合教师做好家园共育的工作，使家庭和幼儿园的关系日益紧密。每年组织开展的民间体育游戏亲子运动会、民间体育游戏开放活动、家长助教月、亲子才艺表演等，家长参与率近100%；各年级形式各异的民间体育游戏项目更使现场气氛热烈，精彩纷呈；还有半日开放活动观摩意见征询、家长座谈和家长心得体会更是积极主动，家长撰写了近百篇心得体会，现汇编成《〈幼儿园民间体育游戏课程开发的实践研究〉——课题成果之家长心得体会集》。家长对开展民间体育游戏不仅认同，还给予了支持与赞许。家长们纷纷反映，以前孩子们回家后不是看电视就是画画、搭积木，很少进行体能锻炼，自从幼儿园开展民间体育游戏以来，许多孩子把幼儿园的民间体育游戏带回家与家长一起玩，有的孩子还与邻居家的小伙伴们一起玩，孩子的生活变得更丰富多彩，也充分发挥了民间体育游戏的作用。有位家长在心得体会中写道："民间游戏作为民族文化的一部分，有其独特的特点及价值，再加上'亲子'这个前缀，更是有无穷的魅力和能量。"

六、研究成效

（一）提高教师文化自觉性，提升教师的专业素质

1. 更新了教育理念，提高了文化自觉性

在课题研究中，各个子课题组在合作学习和反思实践，教师的教育教学水平不断提高，教育理念也不断更新。他们学会了多方面收集资料并展开研究；学会了在研究中不断观察和记录幼儿的表现，认真分析和解读每一个幼儿，理解和适应幼儿。幼儿园传统文化教育的开展还使教师更深层次地接受了弘扬民族优秀传统文化的教育，认识到了传统文化的价值和教育价值，提高了文化的自觉性。实践中，教师努力提炼传统文化的精粹，掌握传统文化深层次的文化内涵，帮助幼儿塑造健康良好的民族个性。

2. 提高了科研能力，提升了科研素养

在课题研究的过程中，各课题组的教师立足于本园和本地区的教育资源，大胆地对现有的传统文化进行梳理、改编，使它更切合幼儿的学习、生活经验。通过实践，我们将内容丰富的传统文化渗透于幼儿的活动之中，并采用适合的策略，实施有效地指导。在这种务实实践、勤于反思的研究过程中，教师积极参与实践探索，在自觉反思后继续行动研究，在与幼儿的互动中共同成长。教师在"问题—分析—行动—反思—评价"的发展式研究过程中，不仅掌握了一定的科研操作方法，还积累了一定的教育教学实践经验。同时，还及时写下自己的感受，撰写了相关论文、随笔、案例。

从开展课题到课题结题，教师注重课题资料的收集和择优积累，通过大量的工作，各子课题相关资料非常充实。其中有文本资料，也有一些照片、录像资料，如课题实施手册、各类调查表、测查表、民间体育游戏分类表、民间游戏玩法详细记录、教研活动、会议记录、教学活动记录、精品游戏收藏、游戏活动影像资料、专题活动方案、主题活动方案、专家指导记录，等等。

（二）丰富幼儿园课程内涵，促进幼儿园可持续发展

课题研究对不断提升幼儿园形象，丰富幼儿园课程内涵，创建幼儿园特色起到了十分重要的作用。成员所在幼儿园在课题研究的带动下，其管理工作出现了崭新的局面，教育教学质量稳步提升，形成了一个低耗高效、具有特色的幼儿园发展模式，走出了一条低成本、高质量的幼儿教育之路，实现了幼儿园

的跨越式发展，得到了各级领导、专家学者、同行的认可和群众的赞誉。成员所在幼儿园也是所在地区对外展示学前教育发展水平的窗口，每年承担大量对外开放的任务。同时，作为所在地区乃至我省幼儿园园长和教师培训基地，每学期都会接待一批园长、骨干教师来园跟岗学习，充分发挥其示范引领作用。

（三）产生了积极的示范和辐射作用

第一，研究成果及其他相关研究成果被《教育界》《生活教育》《广东教学》等学术期刊刊载。

第二，研究成果及其他相关研究成果在省市各类培训班及科研成果推广会上发言交流和推广。

第三，各子课题分别向来自全国各地的同行进行了课题研讨、成果展示，获得同行的一致好评。

第四，子课题的研究成果受到有关专家的赞许与肯定。

第五，子课题《幼儿园民间体育游戏课程开发的实践研究》获得2016年广东省教育创新成果二等奖和2017年广东省基础教育教学成果奖（基础教育）二等奖，其成果在新疆生产建设兵团第三师中心幼儿园、新疆生产建设兵团第三师48幼儿园、云南昭通市育苗幼儿园、东莞市大岭山镇实验幼儿园等10多所幼儿园推广应用，研究成果也被采纳入广东高等教育出版社出版的学前教育专业系列教材《幼儿游戏指导》一书中。

七、主要研究成果目录

（一）期 刊

（1）李丽英. 幼儿园民间体育游戏课程研究的发展历程［J］. 广东科技报——中小学科教周刊，2015（4）：6.

（2）李丽英. 对传承幼儿民间体育游戏的思与行［J］. 生活教育，2015（4）：92-94.

（3）李丽英. 幼儿园民间体育游戏课程开发的实践研究［J］. 广东科技报——中小学科教周刊，2016（6）：1-2.

（4）刘小玲. 让游戏回归幼儿——浅谈客家游戏在幼儿活动中的有效运用［J］. 读写算，2017（12）：50.

（5）张萍. 浅谈在区域游戏中培养幼儿的礼仪习惯［J］. 广东教学，2017

（8）：9.

（6）洪雪娟. 唱响歌谣，传承潮韵——如何在幼儿园开展潮州歌谣教学［J］. 广东教学，2017（9）：4.

（7）李丽英. 传统文化教育纳入园本课程中的实践与思考［J］. 教育界，2017（9上）：139-140.

（二）专 著

赵晓卫，李丽英，袁爱玲. 幼儿园民间体育游戏课程［M］. 福建：福建教育出版社，2005.

（三）自编书籍或园本教材5册

（1）《幼儿园民间体育游戏课程开发的实践研究》。

（2）《〈幼儿园民间体育游戏课程开发的实践研究〉——课题成果之民间体育游戏集》。

（3）《〈幼儿园民间体育游戏课程开发的实践研究〉——课题成果之教师研究论文集》。

（4）《〈幼儿园民间体育游戏课程开发的实践研究〉——课题成果之家长心得集》。

子课题：《创新客家游戏，促进幼儿平衡能力的发展》。

（四）研究报告

（1）子课题研究报告5篇。

（2）课题研究报告1篇。

八、课题研究存在的主要问题及今后的设想

（一）课题研究存在的问题

通过课题的研究，我们发现了一些问题，这些问题或是一时间难以解决的，或是随着研究的深入而逐渐浮现的。

（1）由于教师素质参差不齐和文化自觉性的不同，对接收优秀传统文化教育重视程度也不同，导致一些加强传统文化教育的方法、模式的推广效果也不同。

（2）本课题侧重于行动研究，在理论方面的探索不够。

（3）课题是跨地区、跨园所的共同研究，因主持人的经验与能力有限，

导致研究还存在许多不尽人意的地方，过程中也碰到许多无法解决的困难与疑问。

（二）研究设想

（1）继续加强教师的培训，提高教师对传统文化教育重视程度的认识。

（2）归纳提炼，研究成果。将对在实践中搜集到的材料全面完整地进行归纳提炼，分析研究成果，探索适合不同年龄段特点的传统文化教育的方法、模式，并做好成果推广工作。

（3）聘请专家进行指导交流，提高研究的科学性与理论性。

参考文献

［1］王娟.民俗学概论［M］.北京：北京大学出版社，2002.

［2］庞丽娟.文化传承与幼儿教育［M］.杭州：浙江教育出版社，2005.

［3］顾剑英.爱上民间艺术［M］.上海：上海社会科学院出版社，2012.

［4］赵淑芳.民族妙韵慧童心［M］.广西：广西师范大学出版社，2011.

［5］王秋红.采撷盛开在民间的绚烂之花［M］.北京：新时代出版社，
   2010.

［6］朱家雄.中华优秀传统文化的内涵——学前教育的文化适宜性问题
   （五）［J］.幼儿教育，2015.

［7］朱家雄.中国的学前教育理应传承与弘扬中华优秀传统文化——学前
   教育的文化适宜性问题（四）［J］.幼儿教育，2015.

［8］曾庆会.民间儿童游戏发展困境探析［J］.首都体育学院学报，2009（2）.

［9］黄云.谈谈如何在幼儿教育中运用民间体育游戏［J］.中国科教创新导
   刊，2010（9）.

［10］蒋煌.浅议幼儿园传统文化教育［J］.课程教学，2015（1）：063.

［11］张芳.在幼儿园中大班开展中国传统文化教育的重要性［J］.上海托
   幼，2008（11）.

［12］华爱华.幼儿游戏理论.［M］.上海：上海教育出版社，2003.

［13］徐则民，洪晓琴.走进游戏走进幼儿.［M］.上海：上海教育出版
   社，2010.

广东省教育科研"十二五"规划2012年度研究项目 "幼儿园民间体育游戏课程开发的实践研究" 结项研究报告

一、课题现状背景分析

教育部在《幼儿园工作规程》和《幼儿园教育指导纲要（试行）》（以下简称《纲要》）中都明确规定："幼儿园以游戏为基本活动，教师要充分利用社会资源，引导幼儿实际感受祖国文化的丰富与优秀。""游戏是对幼儿进行全面发展教育的重要形式。"民间体育游戏是游戏中一项极好的项目，它在悠久的历史长河里不断地发展和完善，不仅锻炼了孩子的身体，而且还开发和启迪了一代代中国孩子的聪明才智。民间体育游戏形式多样、内容丰富，是促进幼儿身心健康发展的最佳途径。

长期以来，幼儿园的体育活动课程仍然运用传统的课程模式，其目标重智（技）能轻社会性，内容大多数来源于教材，往往围绕以现代竞技项目为中心的基本动作为体系进行，形式陈旧单一，多现代玩具，单调枯燥，幼儿处于被动状态，难以适应当前幼儿教育发展的需要。对于幼儿喜欢的民间体育游戏，在现行幼儿园教师参考书上所占比例极少，而作为民间体育游戏活动课程在幼儿园更为少见。

鉴于以上分析，我园于2008年开始借助园内外的资源，把民间体育游戏引入幼儿园体育教学和户外活动中。2011年，我们在尝试从课程开发这样一个崭新的角度出发，把幼儿园民间体育游戏活动提到课程建设层面来研究，确立了课题《幼儿园民间体育游戏课程开发的实践研究》。2013年11月，该课题被批准为广东省教育科研"十二五"规划2012年度研究项目（2012ZJK002）。通过课题研究，一方面旨在超越狭隘的体育教育内容，让民间体育游戏进入幼儿园体育教学活动，丰富幼儿园的运动课程；另一方面以幼儿发展为本，在继承发扬民间体育游戏玩法和意义的基础上，以转变幼儿传统的体育学习方式为切入点，融入现代教育思想，通过一系列大胆地创新实践转变幼儿园体育课程的传统模式，开发出一套适合现代幼儿园开展的民间体育游戏课程。

二、课题开展研究情况

（一）专家引领，助推研究

为了保障课题研究正常有序地开展，幼儿园邀请了华南师范大学袁爱玲教授和广东省特级教师陆凤桃园长担任课题指导专家，并成立了以园长为组长、教研组长为副组长、教师为组员的课题小组，共同制定了研究方案，将专家、行政管理人员、教师三者结合，建立健全了研究网络。

（二）理论指引，夯实研究

我们不断通过查阅文献、阅读有关论著，整理分析与研究有关的文献和资料，借鉴其他同行对此问题的观点和看法，解读《纲要》和《3～6岁儿童学习与发展指南》精神为本研究活动提供政策、理论和实践指导。

（三）概念界定，明确思路

一方面，我们把"幼儿园民间体育游戏课程开发"界定为"从现代教育观的角度，以幼儿发展为本，根据幼儿身体、心理发展需要，顺应各种教育要素之间的相互联系、交互作用的客观规律，开发符合幼儿特点的具有中国民间特色的体育游戏内容，合理选择教育手段与方法，科学地组织教育过程，开发出一套适宜现代幼儿园开展的民间体育游戏课程，全方位促进幼儿各方面素质的发展"。另一方面，我们明确了研究的思路为"从现代教育观出发，以幼儿发展为本，再结合幼儿园的场地空间、幼儿需要和教师的教学特点，从变革幼儿体育学习方式为切入点，通过幼儿、教师和家长共同开发和设计适合现代幼儿园进行的民间体育游戏课程，最后将这种课程体系整理为一套适合大众幼儿园可执行的体育活动方案"。

（四）民间采风，收集素材

研究初期，我们充分挖掘资源，调动园内外一切可以调动的力量，依靠家长以及老一辈人的回忆，也借助现代的媒体和书籍等，通过宣传发动、民间采风、浏览网页、查阅文献等形式，把了解到的民间体育游戏名称、玩法、规则和材料一一详细记录下来，形成幼儿民间体育游戏素材，为进一步开发民间体育游戏课程奠定基础。

（五）加强培训，提升能力

在研究中，我们坚持采取专业引领式的集体教研和互助探讨式的自主教研相结合的方式进行培训，运用案例赏析、专题研讨、资源库建立、头脑风暴、教职工趣味民间体育游戏运动会等活动形式进行"发展式"的研讨和实践，让教师在"问题—分析—行动—反思—评价"的过程中展开研究工作。

（六）把握理念，树立原则

在课题开展过程中，我们始终坚持把握"以幼儿发展为本，为幼儿一生的发展打好基础"的终身发展理念，树立教育整体观的重要原则，以行动研究为主要方式，不断深化研究幼儿园民间体育游戏课程与其他课程内容相互渗透并有机结合，与幼儿园常规教育教学活动及幼儿的一日生活紧密结合的途径。

（七）古法新玩，推陈出新

我们以幼儿的发展为动机，对收集的民间体育游戏素材进行整理，就其内容、形式、玩法、材料等方面进行分析，对优秀的、适合现代幼儿玩耍的民间体育游戏予以直接继承，使其尽量保持原貌。对于一些在内容、形式、玩法、材料、功能上不适宜于幼儿的民间体育游戏，我们本着"取其精华、去其糟粕、古法新玩、推陈出新"的原则，将其融入现代教育理念，进行改造创新运用，赋予游戏新的内涵，使它走进现代幼儿的生活。

（八）幼儿为本，多维分类

为了确定不同类型民间体育游戏的发展适应性与指导原则，我们以幼儿为主体，根据幼儿的身心发展特点分别从三个不同的维度进行分类：一是根据幼儿的年龄，将其分为小、中、大班游戏；二是根据游戏方式，分为自主性和合作性民间体育游戏两大类，其中合作性民间体育游戏还包括同龄游戏、混龄游戏和亲子游戏；三是根据使用的游戏材料，分为徒手类、器械类和律动类。

（九）组织实施，修正完善

我们尝试将取舍加工分类后的民间体育游戏融入环境、幼儿一日生活的各个环节、专题活动、家园活动中，探索民间体育游戏课程的组织实施途径。同时，采取座谈、观摩、交流研讨、专家引领等形式，不断修正与完善具体的游戏实施计划。

（十）推广应用，深化研究

交流推广的目的是为了深化和完善，课题先后以"广东省首批园长岗位培训实践基地""广东省李丽英园长工作室""东莞市幼儿教育实验示范基地"等为平台，向来自全国各地的同行进行了课题研讨、成果展示，收到了同行的信息反馈，获得了大量的宝贵建议，促进了课题研究及成果的深化与完善。

三、课题主要研究成果

（一）学术研究成果丰硕

（1）建立了可供操作推广的幼儿园民间体育游戏资源库，收集整理了91则民间传统体育游戏，并汇编成《幼儿民间体育游戏传统玩法汇总》，以便于教师选择和运用，并在实践中进行改编和创新；改良制作了各类游戏器械近1 000件；创新游戏活动场地，专门设立了民间体育游戏材料室和多功能体育游戏区。

（2）构建了可供借鉴应用的民间体育游戏园本课程体系，形成比较系统的理论成果和实践经验。

（3）创编了民间体育游戏系列共129则（详见自编教材《幼儿园民间体育游戏课程开发的实践研究——游戏集》），每一个游戏的编写与设计都紧紧围绕促进幼儿整体发展的思路，目标上既关注动作技能，又关注情感与社会性，材料上注重运用多元低结构的材料，玩法上注重幼儿自主选择与合作游戏。

（4）编制了园本教材，编写了较完善的幼儿园民间体育游戏课程方案，丰富了幼儿园课程。

（5）编印成果专辑4册，分别是《幼儿园民间体育游戏课程开发的实践研究》《教师研究论文集》《家长心得集》和《民间体育游戏集》。

（6）课题组教师的专业素养得到了一定的提高，基于本课题的研究发表或获奖论文共18篇，其中发表与课题研究相关的核心期刊论文7篇、获省市级奖项的论文11篇。

（7）课题成果获得了华南师范大学袁爱玲教授的高度评价，还推荐将我园撰写的《幼儿园民间体育游戏课程》一书纳入其系列丛书，并于2015年6月由福建教育出版社正式印刷出版。

（二）课题研究成效显著

1. 促进了幼儿身心全面和谐地发展

我们依据《广东省等级幼儿园评估方案》的精神分别于2014年9月和2015年6月开展幼儿五项体育技能测查，结果显示，经过课题的实践，幼儿出勤率高，各种动作技能均呈良性发展，五项体育技能不仅达标率高，而且在走、跑、跳、平衡等方面的发展和动作的协调性、灵敏性等方面均明显优于其他同年龄的幼儿。同时，我们通过对中班幼儿社会性行为观察记录、大班幼儿能力素质对比测评和想象力观察记录，以及教师的观察及家长的反馈分析发现，在自由自主、开放的民间体育游戏活动中，孩子的竞争意识、合作交往能力、自主能力等都得到了进一步地发展。

2. 促进了教师专业素养的提升，培养了一批名师和骨干教师

在本课题研究中，一大批教师迅速成长，成了省市名园长、名师和骨干教师。其中，课题组成员黄琳涛老师荣获"东莞市教学先进个人"称号；黄敏老师被评为"东莞市优秀教师"；钟桂芳老师被评为"东莞市教育系统师德标兵"；李凤茹老师被评为"广东省2012年南粤优秀教师"和"全国优秀班主任"；廖雁珍老师被评为"广东省2014年南粤优秀教师"；黄敏、黄琳涛和简小妹三位老师被评为"东莞市首批幼儿园名师工作室主持人"；课题主持人李丽英老师先后荣获"全国少年儿童'心中有祖国、心中有他人'主题教育活动优秀工作者""全国优秀园长"和"全省教育系统创先争优优秀共产党员"等称号，被选拔为广东省省级骨干校长培养项目首批培养对象、广东省首批幼儿园园长工作室主持人、东莞市名园长工作室主持人、东莞市教育家培养对象；课题组多名教师在市级以上业务竞赛中获优异成绩。

3. 促进幼儿园的可持续发展

开展课题研究以来，我园管理工作出现了崭新的局面，幼儿园课程内涵不断丰富，保教质量稳步提升，得到了各级领导、专家学者、同行的认可和群众的赞誉。近四年，幼儿园被评为"首批广东省园长岗位培训实践基地"，在全国少年儿童"心中有祖国、心中有他人"主题活动中荣获"优秀集体奖""广东省书香示范幼儿园"等称号。

（三）影响辐射范围广

1. 受到国内同行的极大关注

该研究在国内产生较大影响，多次接纳来自全国各地姐妹园的观摩活动，2011—2015年平均每学期组织两次以上向市级以上公开展示民间体育游戏活动。全国各地近百所幼儿园的专家、领导和教师来园参观、考察，并索取相关课题资料。

2. 积极推广应用

第一，课题成果及其他相关研究成果在省市各类培训班及科研成果推广会上发言交流和推广；第二，借助"广东省首批园长岗位培训基地""广东省李丽英园长工作室""东莞市幼儿教育实验示范基地""东莞市李丽英名园长工作室"等平台，向来自全国各地的同行进行了课题研讨、成果展示；第三，课题主持人李丽英老师被聘为广东省幼儿园园长培训指导专家，先后在省市各类园长岗位培训班、园长提高班、骨干教师提高班等做民间体育游戏课程开发的专题讲座，获得了同行的一致好评。

3. 获得专家的充分认可

对于本园的课题研究，华南师范大学袁爱玲教授、广东省教育科学研究院庄弼教授、华南师范大学杨宁教授、广东省第二师范学院陶虹教授等直接到园参观指导，并给予了充分的肯定和赞许。同时，他们提出了很多宝贵的意见，使我园民间体育游戏课程的内涵研究不断深化。

此课题研究成果荣获2016年广东省教育创新成果二等奖、2017年广东省基础教育教学成果奖（基础教育）二等奖。